日本古代呪術

陰陽五行と日本原始信仰

吉野裕子

講談社学術文庫

まえがき

日本の祭りの解明には従来諸家によっていろいろの方法がとられて来たが、私は「性」、「陰陽五行」、「仮屋群」の三つを大体においてその鍵としている。拙著『祭りの原理』は性をテーマとしたが本書は陰陽五行に焦点をあてている。

しかし陰陽五行と日本原始信仰との習合をみている中に、祭りだけを取出して問題にすべきではないと考えるに至った。というのは遷都・葬礼などをふくむ古代日本の重要諸行事も祭りと同じく結局は古代日本人の世界観に根ざしていて、その結果、祭り及び諸行事は一貫した法則によって貫かれていることに気がついたからである。もちろんこの法則は不変ではなく時代に従って流動し、今日に至っては殆どその片鱗もみられないが、かつてはその原理によって日本社会は動かされてきたのである。そうしてその最盛期は白鳳期と、それにつづくある短い期間と思われる。私のいう法則とは祭り及び諸行事における子卯《ねう》、又は子午《ねうま》の結合である。

序章及び第一章は日本原始信仰とそこに習合された陰陽五行を追っているが陰陽五行そのものが難解である上に、又それが日本原始信仰に習合される様相も複雑で、文意のつくせない処も多い。そこで本文との重複は避け難いが、この法則がどういうものなのか、読者諸兄姉のご理解に少しでも役立てばと思い、巻末にその要約をかき記した。この前書きと併せてお読み頂ければ幸いである。

尚本書は昨秋脱稿したが、そこに至るまで一章を終る毎に、酷暑の中を東京教育大学の直江広治教授は時間を割いて懇切に原稿に目を通して下さった。又伊勢神宮禰宜、桜井勝之進先生にはご遷宮前のご多忙中を特に祭りに関する処をご覧頂いた。両先生のご好誼をここにいくへにも御礼申上げる。

又、出版事情の極度に悪化した中を出版に踏切って下さった大和書房の大和岩雄社長、何彼と終始お世話になった小林伸一氏、原稿の整理をはじめとして連絡其他の雑事に当られた担当の佐野和恵氏、以上の方々、及び本文中に種々引用させて頂いた著者の諸先生方にここに厚く御礼申上げる。

昭和四十九年二月二十八日

吉野裕子

目次

五行相生相剋図

相生図

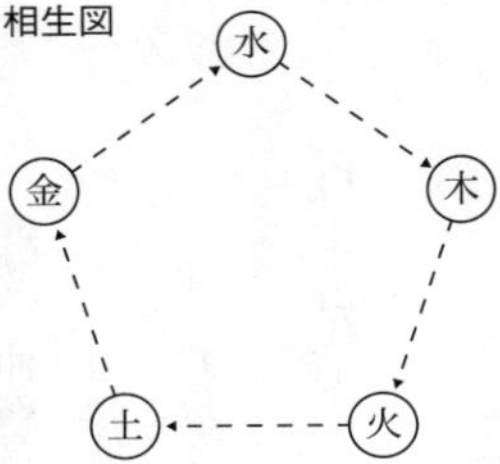

Aの(1)

木　生　火　　木は火を生じ
火　生　土　　火は土を生じ
土　生　金　　土は金を生じ
金　生　水　　金は水を生じ
水　生　木　　水は木を生ず

相剋図

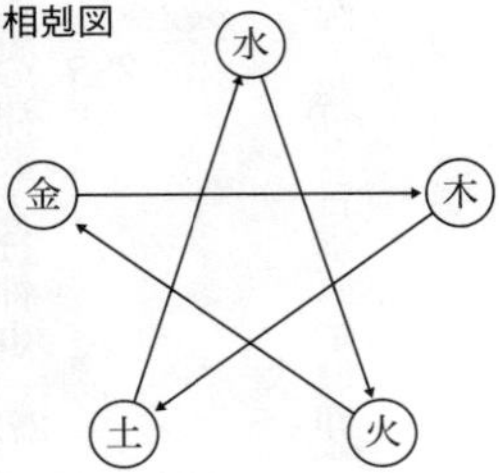

Aの(2)

木　剋　土　　木は土を剋し
土　剋　水　　土は水を剋し
水　剋　火　　水は火を剋し
火　剋　金　　火は金を剋し
金　剋　木　　金は木を剋す

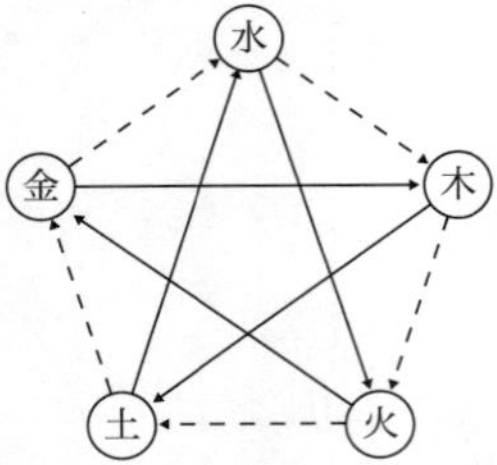

Aの(3)

この図は上の1，2を一つにまとめたものである。
相生が外格を形成するのに対し相剋は内格形成をする。

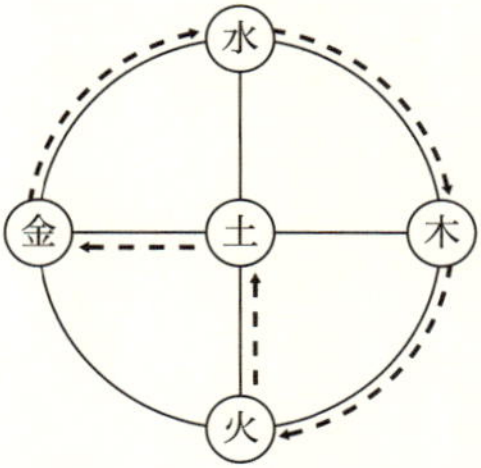

五行相生（順理）

Bの(1)

木　生　火
火　生　土
土　生　金
金　生　水
水　生　木

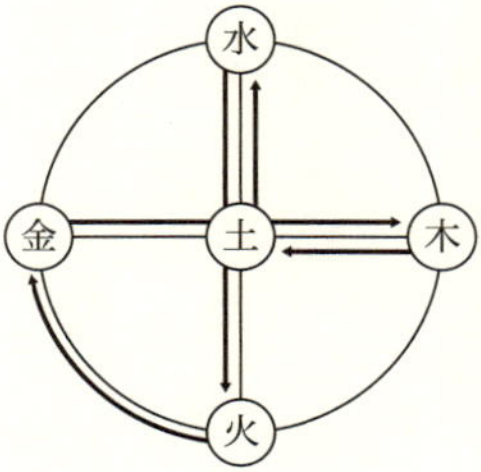

五行相剋（逆理）

Bの(2)

木　剋　土
土　剋　水
水　剋　火
火　剋　金
金　剋　木

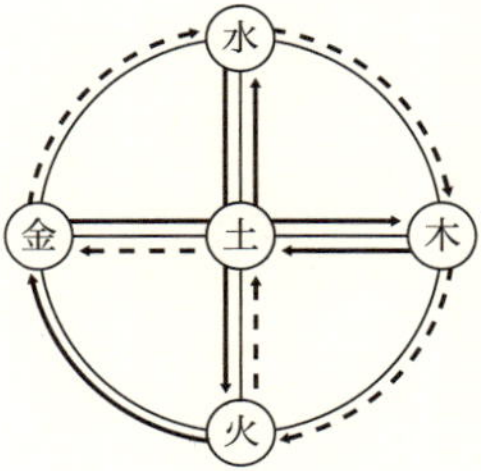

五行相生及び相剋図

Bの(3)

日本古代呪術

陰陽五行と日本原始信仰

序　章　古代日本人における世界像と現世生活像

1　古代日本人の特質

古代日本人は、ものごとを考えるとき、それを日常身の廻りにいつも見ることの出来る現象とか事物にあてはめて考えようとした人々であった。それはつまり「連想豊富な、擬《もど》き好き」な人々ということになろうか。

彼らにとってもっとも身近なものは、彼ら自身、つまり人間そのものであり、人間以外では太陽、及び地上の動植物であった。そこでこの天象・地象・人象の類推から物事を考えていったのである。

したがってその信仰も、その信仰から生み出された神話も、祭りも、太陽の運行と人の生死、植物の実りと枯死などからの連想類推にはじまり、その「擬き・なぞらえ」に終っていると私は思う。

古代日本人における人間

それではまずその人間とは彼らにとってどういうものだったのだろう。

生命の始まりについては今日においても判らないことが余りにも多いが、古代の人にとっては更に大きな謎であった。

しかし人間が生まれてくるまでのおおよそのことと、生まれて来た新しい生命体にしてやらなければならないことは少くとも判っていた。

人が生まれるまでの大体のこととは、男女両性の交合したある時点から生命は母の胎内に芽生え、定着し、二百七十五日間、狭く暗く、音も光も届かない締めつけられるような暗処のこもりに耐えて、時が至れば嬰児《えいじ》の形をとり、水にのって誕生する、ということであった。

そうして裸形で生まれ、しかも休みなく鼓動をつづけるこの生命体に対して、この世で迎え取ったものたちが、まずしてやらなければならないことは、食べさせること、着せることであった。こうして育くまれ、成育して成人するが、成人したその時はまた親と同じように働き、親と同様に子供を残して、いつかは死んでゆく。

この世にやって来たものはその来た元の所に必ず帰る。来た所に去ってゆく。それが人間というものであり、この世の習《なら》いなのだ。彼らによってとらえられた人間像はこのように単純明快なものであったと思う。

古代日本人における太陽

次に古代日本人によって太陽はどのようなものとして、捉えられたか。日本人の祖先の主要な部分はどこから来たかはわからないが日本のなかに、ひろく深く認められるのは大体南の海から来た人々の痕跡である。そこで私どもの祖先の主要な部分を占めるものはそうした人々であったと仮定して話を進めよう。

南島でうける太陽の印象は朝日夕日ともに強烈である。朝日は古く沖縄の詩人によって「アケモドロの花」と讃えられ、その華麗さは暁に咲く大輪の花に譬《たと》えられた。一方、水平線の彼方に沈む巨大な夕陽は、瞬間に島をつつむ夜闇をもたらす。その暁の光と、夕闇の対比は太陽のもつ力の大きさを、否応なく、くりかえし日毎に人々の心に納得《なっとく》させたのである。

その沈んだ日は、「太陽の洞窟」（テダガガマ）とよばれる洞穴を通って東方に新生すると信じられた。

沖縄では東をアガリ、西をイリという。ともに太陽の動きに応じた名称である。その東方のはるか彼方、海と空が一つになった所に、常世国《とこよのくに》・根の国・ニライカナイが多くの場合想定されている。そこは太陽の昇る所、祖先神をはじめ、火の神・水の神など神々の居所であり、また一切の生命の種の根源となる所でもある。

あえて定義すれば、実在の海の彼方と、想像の理想郷とがダブっている所、それがニライカナイである。

自然の中でも最重要な存在、太陽について古代日本人が考えたことは、その運行と不断の新生、つまり輪廻《りんね》である。

その新生、或いは輪廻には洞窟が必要不可欠と思われた。また一方、神々や一切の生命の種のある所、ニライカナイ、つまり常世から人の生命の種も渡って来ると信じられた。

そこで彼らによって把握された人間と太陽との特性は要約すれば次のようになる。

①太陽は東から上る。人の種も東方、常世国から渡来する。

②太陽は日毎に新生・消滅をくり返し、転生輪廻する。人も同じく輪廻転生し、この二者、つまり太陽も人も結局はこの世に常在しないものである。

③太陽と人の輪廻転生の中央に据《す》えられているものは「穴」である。太陽の場合は「太陽の洞窟」、人の場合それが生誕の場合は「母の胎《はら》」、死去の場合は擬似母胎「墓」である。

こうして太陽と人間は「東から来るもの」「常在しないもの」「穴にこもるもの」の三つを本質とするものとして認識された。これらの性質は太陽と人間に共通する根元的な本質として捉えられたが、同時にまた、太陽と人間だけに限らず、神の本質を表わすものとしても同様に意識されたのである。

古代日本人における神――蛇

太陽と人間はいずれも目に見える存在であったが、目にみえぬ神はより重大な存在であった。より重大な存在ではあったが、古代日本人はこの神を抽象的なものとして観念的に把握しようとはしなかった。彼らは目に見えぬはずの常世の神さえも、目に見えるものとして捉えようとする。

その神が祖神《おやがみ》であり、同時にまた穀神、宇賀《うか》としての蛇であったと思われる。

しかし蛇を祖神とするのは原始日本に限らない。蛇は原始の人とふかい関わり合いがあって世界各国・各宗教の創世記・神話に登場する。それは恐らく蛇の形が男根を連想させるからであろう。

しかも同じ蛇から出発しながら各民族の宗教・信仰は異なる発展をする。

日本原始信仰は蛇の形からは男根を、脱皮するその生態からは出産が連想され、蛇を男女の祖先神に分ったと思われる。

2　日本の祭りの特質＝蛇型と巫女型

日本の原始信仰における祭りは、神を目に見える形にして顕現させるのがその特徴であったが、それには二つの型があった。

第一型は男女の祖先神としての蛇を、何らかの方法でそのまま顕現させる型。

第二型は男祖先神としての蛇と、巫女との交合により、巫女が神を妊《みご》り、最終的には巫女が自《みず》ら神としてみ生れして人の世に臨む型、である。

第一型を蛇型とすれば、第二型は巫女型といえよう。

沖縄先島《さきしま》地方の豊年祭に出現するアカマタ・クロマタは常世からくる男女の神であるが、これは蛇と思われる。これは生身《なまみ》の人間が扮《ふん》しているが、蛇型は生身の人間より、縄による造型が圧倒的に多い。同じく豊年祭に綱引の形でのこる雌綱・雄綱はその好い例と思われる。

本土の各地における祭りに藁《わら》や縄でつくられた蛇が登場する例は枚挙にいとまがない。生身にしても、造りものにしても、以上の例は蛇が直接に祭りに現われる第一の蛇型である。

それに対して第二の巫女型は、直接的な第一型に較べ、はるかに屈折の多い形である。三輪山の神は美しい女と交わる蛇であるが、この蛇と交わる女性が日本原始信仰における巫女ではなかったろうか。奇稲田姫《くしなだひめ》を襲《おそ》うヤマタノオロチの話の原型も同じくそれであって、蛇と交わる巫女の相《すがた》を伝えるものがこの神話の本質であろう。

そうして何事も美化し洗練する日本人の好尚にあったものは、直接に蛇を出す第一型より、第二の巫女型であったと思われる。

巫女型とは巫女が常世の神、蛇と交わり、神を生むのであるから、蛇は当然姿をみせるはずであるが、その蛇は第一型ほどはっきりしたものではない。巫女型における蛇とは聖域における神木である。

沖縄における聖域は御嶽《うたき》、その御嶽の神木は蒲葵《びろう》であるが、恐らくこの蒲葵が蛇＝男根の象徴であろう。本土においては聖域は神社、そこにおける蛇は杉などの神木であるが、これは蒲葵の代用かと思われる。

男根と蛇を象徴する神木と、その木の下、――それは当然女陰を意味するが――それが聖域における両性の相《すがた》であって、その交りを媒介するのが巫女であると私は推測する。

巫女は神木によって象徴される常世の神、蛇、男根と交わり、神霊を受胎し、最終段階においては自ら神として生れ、人の世に臨む。巫女型は従って祖神の蛇をそのまま出現させる蛇型の祭りより、はるかに曲折の多い祭りの形態といえよう。

巫女型においては神は人間と同じ筋道、性交・受胎・出産の三過程をへてこの世に顕現《みあれ》する。

みあれの神には新生児同様、衣と食が供せられる。そうして迎えられた神は、暫《しばら》くこの世に止まって、やがて人の死ぬのと同様に常世の国に帰られる。迎えられた神は同時に送られるべき神であって、この世に長居は無用、滞在が満期となれば、即座に、しかも確実にその本貫に送り出されなければならない。神迎えと神送りは祭りの中において同じ比重を占める、これが日本の祭りの大きな特色であろう。

日本の祭りについてなお言及しておきたいことがある。祭りとは巫女型の場合、巫女によるこの一連の人間の生死に似た筋道の擬き、つまり真似ごとであるが、その過程の中でも最重要なものはこもりである。

このこもりは神祭の前に、神の降臨を畏れつつしんで待つために引き籠り、潔斎して身心を清浄に保つことだと解釈されてきた。

私の解釈するこもりは、胎児が母の胎内で飲食もせず、その狭さ暗さに耐えて、その時の満ちるのをまつ、その様相の擬きである。

こもりとそれにひきつづく顕現《みあれ》、これが日本の巫女型の祭りの原型である。その原型の中でも原点となるのがこもりである。

こもりの行われる場処は日本原始信仰においては東西軸の中央の穴であるが、陰陽五行導入後は、その穴は北の子《ね》の方、坎宮《かんきゅう》に移動し、「子《ね》」が祭りの原点となる。こもりの「子《ね》」と、顕現を象徴する東の「卯《う》」、これを結ぶ子・卯軸が、祭りの時と方位において執拗《しつよう》にまでくり返し撰用されることになるが、その状況の追究が本書の終局の目的である。

しかしこの序章においてはまず私の考える原始信仰における中央の穴、及びそれによって示される古代日本人の世界像を考察することにする。

3　古代日本人における世界像

先に「太陽」と「神」と「人間」に共通する特質として古代日本人が考えたものは、
①東から来るもの
②常在せぬもの
③穴にこもるもの
の三つであるとした。

それでは彼らが三者に共通するものとして考えたこの三つの特質から、彼らのいだいた世界像がはっきりと探り出せるのではなかろうか。

そこで「東から来るもの」「常在せぬもの」「穴にこもるもの」の三者を一応一括して、それを分析し、そこから出発して考察すると、次のようなことが導き出される。

①東といえば西が必ず対置して想定される。これは空間的場所である。

②既に東と西という場所があれば、そこに距離というものがあり、この二者間を動く「動き」と、動く「時間」が想定される。神も太陽も人間も、不動ではなく、東から西へ、西から東へと動くものであってこの世に常在しない。

③東と西、西と東の間には「穴」があって、神も太陽も人も、この「穴」にひとときこ

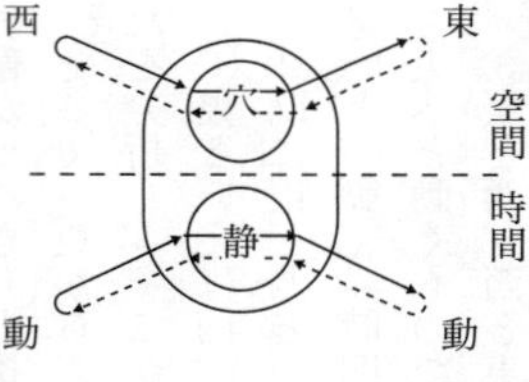

第一図

もることなしには西方へ、あるいは東方に出ることは出来ない。「穴」は、東と西の間に空間的に存在するものであると同時に、神、太陽、人の時間的な動きの中間にあって、「静」の時を提供するものでもある。これを図示すれば第一図のようになる。

古代日本人にとって東方、東は太陽の上る所、神のいます所、一切の生命のある所、つまり常世国・ニライカナイである。

それに対する西方はこの世、人間界である。人間界から更に西方は太陽の沈む所であり、同時にそこは人の死につながる所である。

人間の場合、この東から西への動きは、誕生を意味するが、その動きの中心にあるものは母の胎である。

西から東への動きは、死去を意味するが、その西から東への動きの中間にあるものは母の胎になぞらえられた墓である。

「母の胎」も「墓」も共に「穴」であって、この穴にこもるということがあってはじめて、完全な「生」と「死」が達成されるのである。

神の場合も同様であって、人の生死の類推から想定された神迎え、神送りは、母の胎になぞらえてつくられた山中の御嶽《うたき》や、巨岩のつくり出す洞窟などで行われた（第二図参照）。

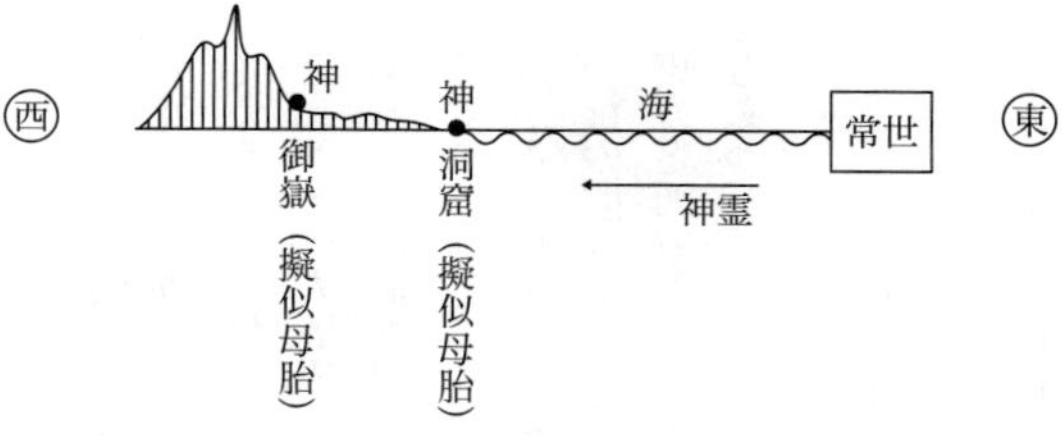

第二図　古代人による神の顕現

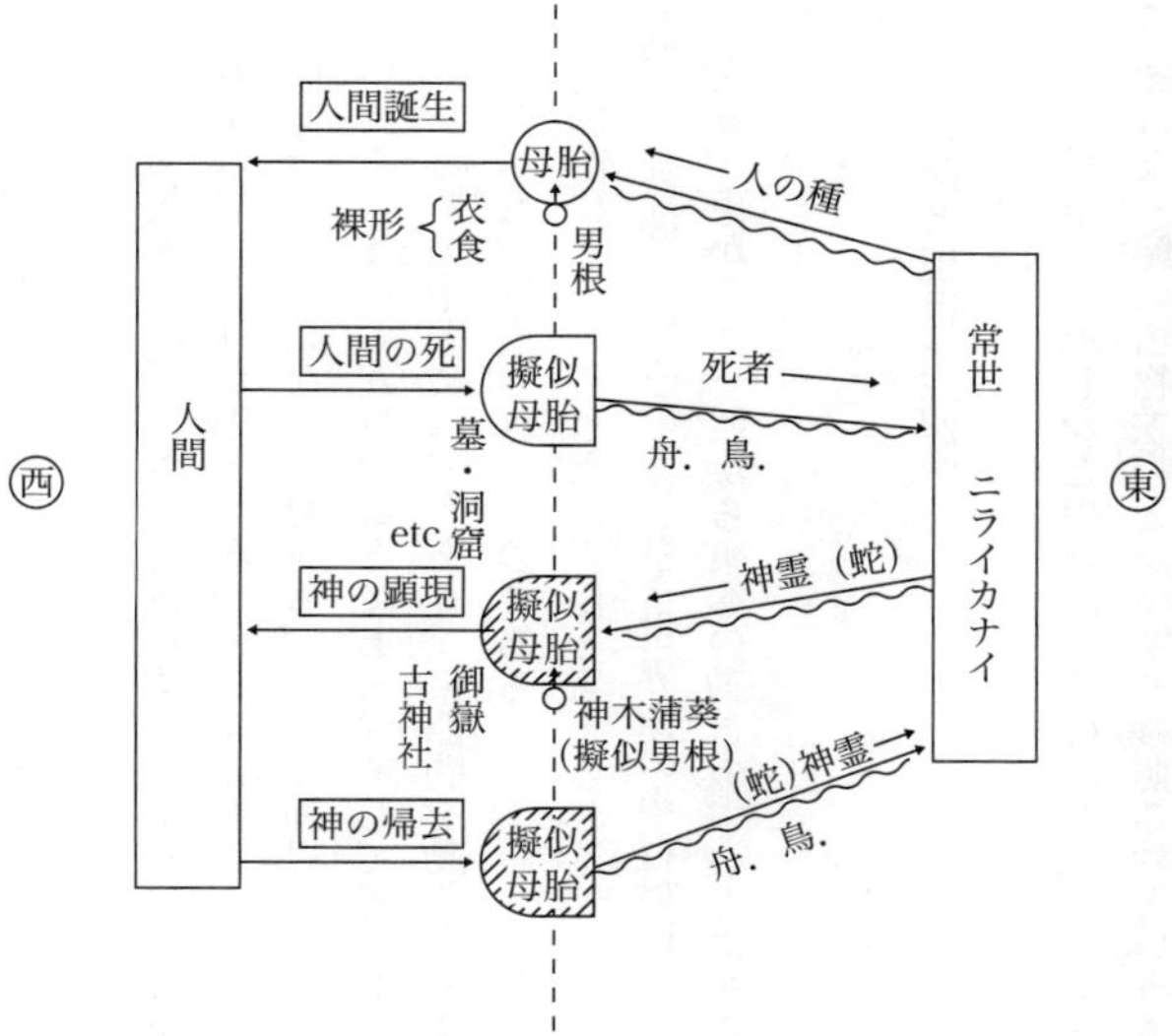

第三図　人の生死と神の去来相関図

また陰石や窪地《くぼち》が擬似母胎、擬似女陰として神のみあれの場所とされたこともあろう。

太陽の場合は前述のように「太陽の洞窟」が想定されている。

神界と人間界は断絶したものではなく、東と西の関係において併存する。それは全く東方の海の彼方というニライカナイの在り方から帰結された思考であって、先にもいったようにニライカナイ・常世の把握なしに古代信仰は解明出来ないのである。東方の神界、ニライカナイと、西方の人間界は距離によって距《へだ》てられているだけのことである。そして神であれ、人であれ、東西間を動く、あるいは輪廻するその中間には穴があり、東西間を動くものすべては、この穴を通ることなしには東へも西へも抜け出られないのである。

これが古代日本人によって空間的・時間的にとらえられた世界像と考えられる。

「穴」は空間的にとらえられた世界像と、時間的にとらえられた世界像の中枢に位《くらい》するもの、東方と西方という場所の中央でもあり、東から西、西から東への動きの中心点にあるものでもあった。

4　古代日本人における世界像と現世生活像

日本人の祖先達は言語においても対句、畳語、繰返しなどの修辞をこのんだ人々である。東といえば西、上といえば下、男といえば女、鰭《はた》の広物狭物《ひろものさもの》とか、明《あか》る妙照《たえて》る妙というふうに、性質の異なるものは相対させ、性質を同じくするものは繰返す、または重ねてゆくことを好んだ。相対化も繰返しも、そのよって来たる所の心情・傾向は一つである。それは用具の面では「入れこ」になった器物を好んでつくることになる。「入れこ」の容器とは同心円の器物を大きさの順に重ねていったものである。この傾向は思想信仰の面では、その世界像にもそっくりもちこまれる。「入れこ」をこのむ心情は、世界像の中央を占める穴にも応用され、「母の胎」は「家」「村」「都」「国」という風にだんだんそのスケールを大きくして、水の波紋のように同心円をなしてひろがってゆく。或いは求心的に大きな基本世界像からより小さな世界像に類推されてゆく。

・異質のものは相対化し、
・同質のものはくり返させる、或いは積重ねてゆく。

これが古代日本人の感覚にもっとも快く訴えたことなのであって、それは目に見えるものにも、見えないものにも区別なくあてはめられた。後に大陸から陰陽五行思想が入って来て、日本民族はこの思想を全面的に受けいれることになる。宇宙の森羅万象を対立する陰陽にわけ、この陰陽の調和を生気発動の基本においたこの思想の全面的受け入れの素地は、対照・繰返しを好むこの民族性、心情の傾向の上にもとめられるのであろう。

「同質のものは繰返し、或いは積重ねてゆく」とはどういうことか。世界像の把握において古代日本人はかなり平面的であって、そこには水の波紋のように同心円を画《えが》く小から大へ、または大から小への世界像のくり返しがみられるのである。中央に母の胎という穴がすえられた同質の世界像が、入れこ式に繰返されている。それが私のいう同質のものの繰返しである。

一方、同質のものの積重ねとは、中央の真正の母の胎に人為の擬似母胎が積重ねられてゆく現象をさす。これは世界像とはいえない。いわば生命更新のために生み出された現世生活像である。前者は平面的にとらえられた「入れこ式世界像」、後者は立体的に考え出された「積重ね式現世生活像」であって、この二つの像の組合せの中に、古代日本人は精神と現実生活の支えを見出していたのである。そこで考察は当然、古代人によって把握されていたと思われる「世界像」と「現世生活像」の二つにわけてなされなければならない。

その世界像の其一は基本世界像、其二は人間界（日本の国土）、其三は都、其四は村、其五は家であって、最大の基本世界像から、それと同質のより小さい世界像が同心円をなして繰返されており、最小の世界像—家に及ぶのである。家の中心、大黒柱の下は擬似母胎と想定されているが、実は小世界像である家も村も都も国も母の胎内と考えられているのである。したがって、家・村・都・国の外は他界と考えられていたわけである。

一方、現世生活像とは、真正の母の胎に積重ねられる産屋または家屋を基点として、人生途上の折目節目に設けられる仮屋群と、一年の折目節目に設けられる仮屋群とを指す。

前者、つまり人生途上に設けられる仮屋に附随する儀礼が人生通過儀礼であり、後者、つまり年間の折目節目に設けられる仮屋に附随する儀礼が年中行事であるといえよう。それらの仮屋、つまり人生通過儀礼にみられる仮屋も、年中行事にみられる仮屋も、ことごとく擬似母胎であり、そこにこもり、そこから出ることによって生命は中央に向かって新生することになる。それはまた蛇蟹などの脱皮から類推されていたとも考えられ、仮屋は誕生（新生）または脱皮の擬《もど》きの料《しろ》として重要な呪物であった。もちろん一々仮屋をつくる煩《わずら》わしさに堪えず、単に現に住んでいる家を出て水の辺りに行き、または山に登ることなどで脱皮新生の呪術とすることもあり、また斎棚《いみだな》を吊ることなどで仮屋の象徴としたとも考えられる。さらには髪をそぐこと、衣を更《か》えることによって脱皮をもどくこともあったと思われる。しかし基本になっていることはどこまでも仮屋をたてること、その中にこもること、そうしてその時が満ちればこの仮屋をとりこわすこと、という仮屋に関わるその建設・こもり・取こわしの三原則であって、これによって各個人ならびに共同体の新生・脱皮の擬きが果され、永生の願いがかなえられると信じていたのではなかろうか。

5　世界像の考察

基本世界像――世界像（其一）

古代日本人によって想定された基本世界像は、東のニライカナイ（常世国）に対する西の

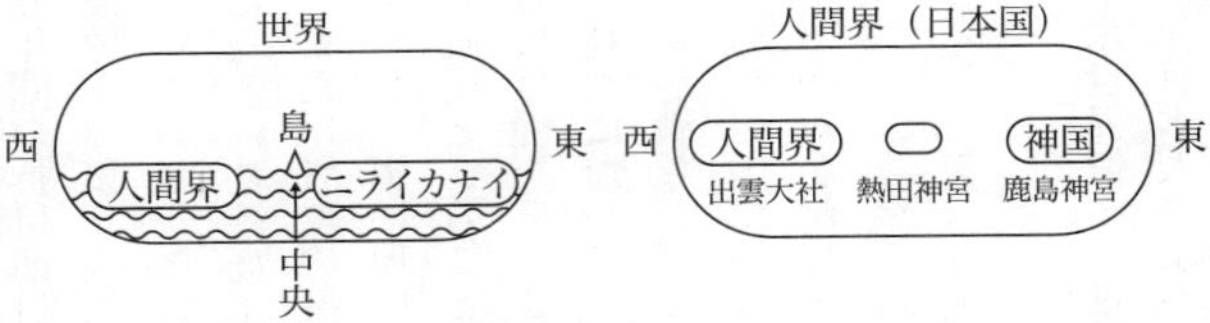

第四図　基本世界像（左）と小世界像としての人間界像—1（右）

人間界と、その両者の中間にある島、この三者によって構成されていると思われる。その島がもっとも問題なので、これが世界の中央擬似母胎である。神話の中で重視されているオノコロ島が恐らくこの島に該当し、ここに伊邪那岐《いざなき》・伊邪那美《いざなみ》の二神が天降りし、天の御柱と八尋殿《やひろどの》を見立て、交合の結果、国土や多くの神々がみあれされることになる。このめでたい島は恐らく女陰を象《かた》どる円錐形《えんすいけい》で、その形はその後模倣されて呪物となり、大嘗祭《だいじょうさい》に曳《ひ》かれる標の山、座敷内に飾られる蓬萊《ほうらい》や島台にもなったのではなかろうか。島を中心とする基本世界像は日本人から忘れ去られたとみえながら、実は深層心理のどこかに今も生きているイメージと考えられるのである。

人間界（日本の国土）——世界像（其二）

第四図左の世界像における人間界を取出して拡大してみると、その人間界の中にまた基本世界像にみられたと同様の、東・中央・西が想定されていることがわかる。つまり、

東は人間界の中に想定された神国、同時に男の境域

西は人間界の中に想定された人間界、同時に女の境域なのである（第四図右）。

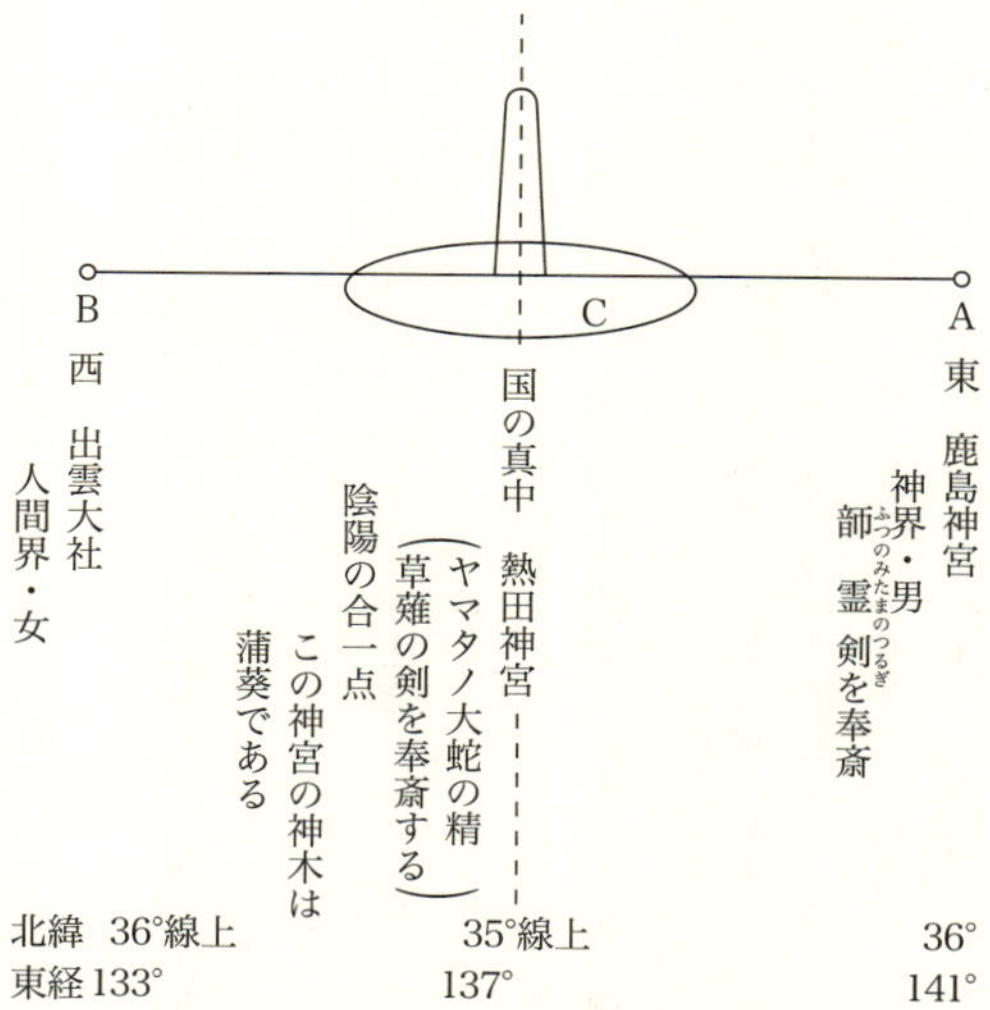

第五図　小世界像としての人間界像―２（日本国）

そうしてこの場合の東と西は、観念的にとらえられた二元の対照ではなく、地理的に驚くほどの精確さを以て測定された現実の地点――東と西の対比なのである。その事実は第五図で実証されるだろう。この図について説明を加えると次のようなことがいえる。

①日本国土の中にもとめられる東西の最長線を彼らはすでに発見していた。それはつまり東の鹿島神宮と、西の出雲を結ぶ線である。

②そうしてそのほぼ中央に熱田神宮がある。

この状況をもう少し詳しくいうと第五図の通り、経度は鹿島神宮が東経約一四一度、熱田神宮一三七度、出雲大社約一三三度で四度ずつの等間隔をたもっている。緯度は鹿島・出雲がそれぞれ北緯三六度線上、熱田は約三五度線上で大体同じである。

国土の東西を結ぶ最長の線上に、日本最古の由緒を誇る神宮・大社がほぼ同一緯度の上に等間隔をおいて鎮座されていることはただごとではない。その精密な測量技術に驚くと同時に、そうした技術の源をなすかと思われる信仰、或いは呪術への熱情に再度驚嘆させられるのである。

国土の中央――基本世界像における中央の島、または穴を人間界の中にもとめれば、それは国のほぼ中央を占める熱田神宮である。前述の通りこの社は国土にもとめられる東西をむすぶ最長線上の正に真中にある。この国土の中央の社に、至高至上の呪物、草薙《くさなぎ》の剣が奉斎されている。この社の中でも草薙の剣が納められていた土用殿《どようでん》の前の神木が前にものべたように蒲葵と推測されるのである。草薙の剣、神木蒲葵共に蛇・男根の象徴物と考えられ、それはオノコロ島に立てられた天のみ柱に相当するものであろう。

国土の東――鹿島神宮の主祭神は武甕槌命《たけみかづちのみこと》であるが、この神は高天原《たかまがはら》を代表して出雲に赴き、国譲りの交渉に当っている。鹿島のあるこの常陸《ひたち》地方は「葦原中国《あしはらのなかつくに》」でありながら、それと同時に「天」でもあった。[1] ということは同時に、この高天原の使者を受ける出雲は同じく「葦原中国」でありながら、地上であり人間界であったことを示す。出雲即人間界とい

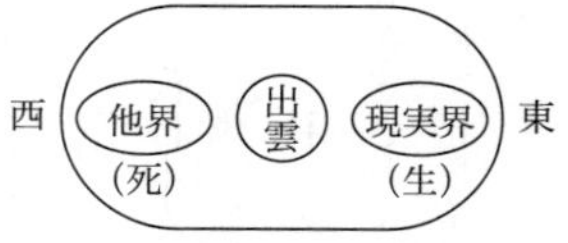

第六図　輪廻の中央としての出雲

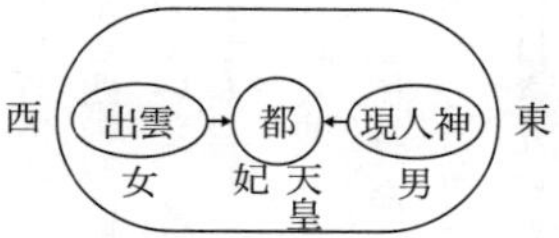

第七図　妣の国としての出雲

う意識——それは呪術的につくり出されたものとしても——は神話の至る所に顔を出している。こうして鹿島と出雲は天上界と地上の関係にあるが、相対するもの故に、それだけ関連しあう度合も高いのである。たとえば社殿の構造においても、この両者はその特異な内陣の配置に共通性をもっている(2)。

国土の西——さて考察はいよいよ最後の出雲である。出雲はこの国に求められる西の果の地域ということから、そこは人間界におけるそのまた人間界であるという意識があった。同時に東の男に対して西は女を象徴するという意識から、出雲には古代日本人によって西・人間・女という属性が附与されていたのである。神話や伝承上の出雲にみる不可解な事象は、古代人が出雲に対していだいたこの三つの意識に多く負っているので、そこに問題の鍵をもとめれば謎はとけるのではなかろうか。

それでは出雲は西の涯《はて》という意識から導き出されるものは何か。それは結局出雲から西は他界という観念であろう。出雲は他界の入口、つまり生と死の中間、中央の穴として意識される(第六図)。生死を主とした世界像において、出雲は死者や送り出される神を胎児として一時的にこもらせる母の胎——中央の穴である。神話にみる出雲がつねに妣《はは》の国（女の国）・死の国として取扱われ、また古代から現代に至るまで神送りの総元締となっているのは、古代日本人のいだいた出雲を西の涯とする世界像によっているのであろう。

次に出雲にみられる顕著な現象は皇妃の冊立《さくりつ》である。神武《じんむ》天皇は事代主《ことしろぬし》の女《むすめ》、綏靖《すいぜい》天皇も同じ事代主の女、安寧《あんねい》天皇は事代主の孫をそれぞれ配属者とされ、皇妃は代々出雲系の女性から選定されている。それはつまり次のような理由によるのではなかろうか。天皇は現人神《あらひとがみ》で男性、正に東の代表者である。この東・神・男の属性を有する天皇は、西・人間・女の属性を有する皇妃と合一してはじめて国の鎮めとなり得る。その資格を有する皇妃は出雲出自でなければならなかったのではなかろうか。なお、この場合の中央、つまり天皇と妃の合一点は地理的な国の中央——熱田ではなく、政治的な中央——都である（第七図）。

東と西の方位が人間関係にもち込まれた場合、つねに東が陽、西が陰の性格を負うことになっていて、それは天皇と皇妃ばかりでなく、天照大神《あまてらすおおみかみ》にまでさかのぼり得るのである。

高天原（東）　　　出雲・根の国（西）
天照大神（姉）——須佐之男命《すさのおのみこと》（弟）
天忍穂耳命《あめのおしほみみのみこと》（兄）—天穂日命《あめのほひのみこと》（弟）

須佐之男命は男性であるが、姉の太陽神天照大神に対してその本質は陰であり、事実妣の国に行きたいといって哭《な》く神である。天穂日命は出雲国造《くにのみやつこ》の祖であり、祭祀者である。

祭祀者というのは本来女性的のものである。先にあげた皇妃はもちろん女性、出雲の象徴するものはすべて女性である。人間界における神界・東の代表者であって、現実世界を支配する天皇を国の中央に据えると、そこに配する皇妃は当然西から求められる。陽の方位からの陽性のものと、陰の方位からの陰性のもの、この二元が中央の都で合一して国の鎮めとなり得るのである。したがって、西の出雲から都に来るものは皇妃ばかりではない。都および都の附近に出雲系の神々が多く奉祀されているのは、人間関係のみではなく、神々の間にも東西のバランスがはかられていたためではなかろうか。大和朝廷と出雲の関係は呪術的にみる必要があり、異民族間における支配・被支配の関係などというより、むしろ一種の契約関係とみられるべきものである。

都——世界像（其三）

大和は国のまほろば　たたなづく　青垣山こもれる　大和しうるはし

これは倭　建　命《やまとたけるのみこと》の国偲び歌として記紀に伝えられている名高い歌であるが、作者の真偽はとにかくとして、大切なのはこの歌の意味である。それは日本の国土、この現世の中心の穴、母の胎としての主都、大和を、その内容からも景観からもほめたたえているものと思わ

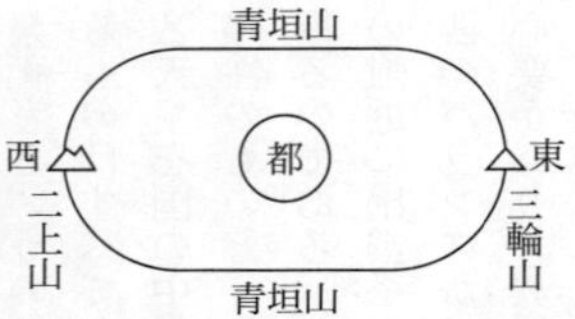

第八図　小世界像における都

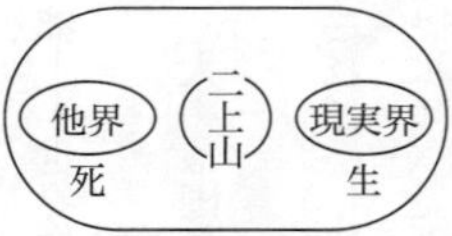

第九図　生死の中央の穴としての二上山

れる（第八図）。

その意味は、「なだらかな垣をなす青い山脈にかこまれて、ひっそりとこもっている大和、大和は国の中心、国の中心の美しい洞だ」と解釈される。

「まほろば」の「ほろ」は『書紀』には「ほら」となっている。『万葉』にも、

　天雲の向伏《むかふ》すきはみ、谷蟆《たにぐく》のさ渡る極み聞《きこ》し食《を》す国のまほらぞ
　　　　　　　　　　　　　　　　　　　　　　　（『万葉集』巻五）

　……高御《たかみ》座《くら》、天の日《ひ》嗣《つぎ》と天皇《すめろき》の神の命《みこと》の聞し食す国のまほらに……
　　　　　　　　　　　　　　　　　　　　　　　（『万葉集』巻十八）

とある。『和名抄《わみようしよう》』には「洞」を「保良《ほら》」とよませているが、「国のまほろば」の「ほろ」は恐らく「ほら」で「洞」の意味であろう。「ま」は「真正の」とか「見事な」とかの意味。「ば」は所を表わす。ほりくぼんだ処を表現する言葉には「ほら」のほかに「かま」がある。先述の沖縄で使われる「太陽《テダガ》の洞《ガマ》」もこの「かま」であり、

「竈《かまど》」も「釜《かま》」もすべて同じこの「かま」に基づいている。

　釜もカマドも、母の胎に形が似るために、神聖なものとされ、信仰の対象となり、家そのものを代表するものにまでなっている。「かま」「ほら」「あな」はそれぞれ相似た様相に対してつけられた名称で、それらの名称に示されるような、ほり凹《くぼ》んだ所にすっぽりとつつまれている時に感じる一種の安心感は、生命をつつみはぐくむ母の胎の連想へとつながった。

　そこでこの歌の「国のまほろば」の「ほら」は自然の大いなる母の胎、国の中心をなす美しい胎を意味した。

「やまと」を青垣山につつまれた母の胎――小世界像とすればその西の果、二上山《にじようさん》から先は他界なのであった。この場合二上山は国土における出雲と全く同じ性質をもつ。出雲が生死を分つ中央であったと同様、二上山も現世と他界を分つ中央の母胎なのである（第九図）。

　その山は円錐形でしかも雄岳《おだけ》・雌岳《めだけ》があって、性交が擬《もど》かれ得る山、つまり葬所として母の胎を象どる絶好の山であった。この山の西側の台地には孝徳《こうとく》・推古《すいこ》・用明《ようめい》・敏達《びだつ》の諸帝陵、聖徳太子陵、伝馬子《うまこ》墓など天皇・皇族・豪族の陵墓が櫛比《しつぴ》する。その様相の中に古代の呪術がひしひしと感じられるのである。

村――世界像（其四）

村は都よりも小さな母の胎であった。そこで村の入口は女陰に見立てられる。

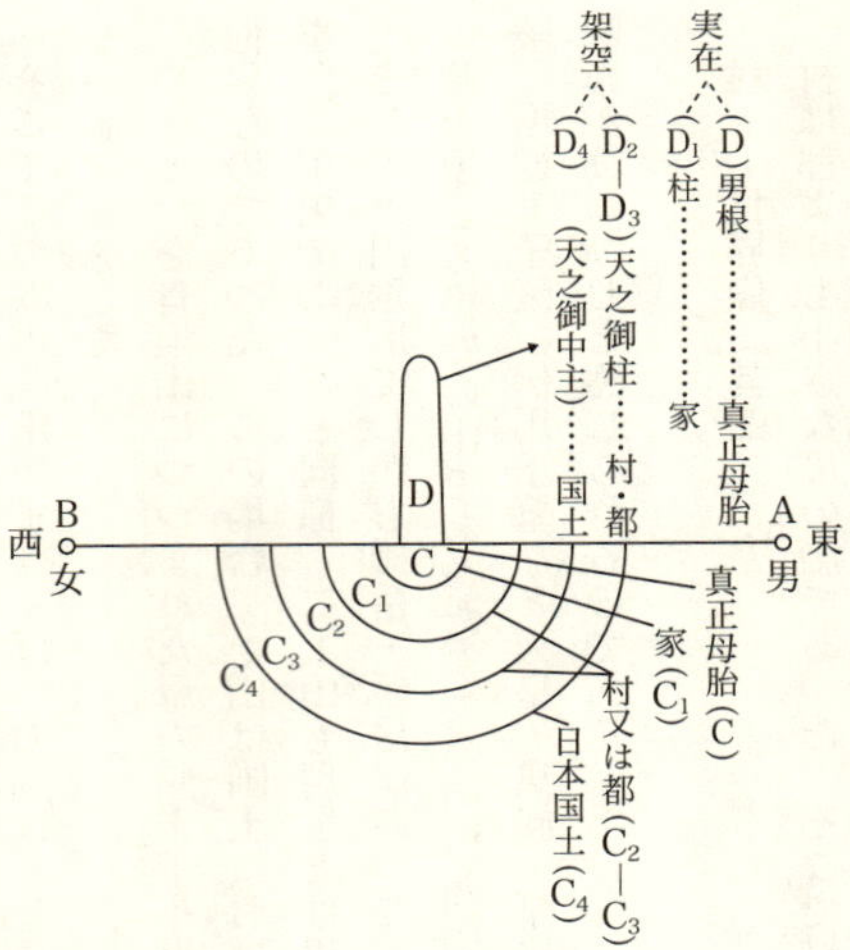

第十図　古代日本人における世界像

祭りの時期の村の入口に注連縄《しめなわ》がはり渡され、そこに男根状のものが時に女陰を表わすものと共に吊下げられる例は多いのである。村の入口に道祖神—サエノ神（塞の神）が祀られるのもこのためである。サエノ神は性神とされているが、それはこの神の形状が男根状であったり、また男女両神が互いにむつみあう姿が刻まれた石だからである。

村は母の胎としてそれ自身一つの完結した小世界の中心で、その外円に東西が意識されていた。

村の外は他界であって、疫病・害虫などすべて禍《わざわ》いの元になるものは村の外に送り出されるし、使用ずみの祭具、祓《はら》いの料《しろ》なども村外れに捨てられたり埋められたりするのである。

家——世界像（其五）

家は最小世界像であると同時に、家というその限られた空間は母の胎を象徴するものとして意識されていた。家には中央に柱がある。その柱は男根に見立てられ、その柱をうける床、または床下は女陰をあらわす所であった。何事も目にみえるすがたにして認識することをその特質とした日本人にとって、男女の交合は棒と円、または三角との結合とみなされたらしい。その棒と円の結合のもっとも身近な造型として意識されたのが家であった。(3) つまり棒は柱、女陰はその柱の下、そうして家屋という限られた空間は母の胎としてとらえられた。家は男女交合の造型であり、同時に母の胎の造型でもあった。

したがって、家は単に雨風をしのぐ便《よすが》であるばかりでなく、一つの重要な呪物であった。それだから「屋造り」ということが結婚の前提条件となり、また家は祭りの場とさえなったのである。

屋造り——伊邪那岐・伊邪那美二神がオノコロ島に天降りして第一にしたことは天のみ柱を見立て、八尋殿を見立てることであった。そうして交合がそれにつづくのである。

須佐之男命は大蛇退治の後、奇稲田姫を婚《ま》ぐことになるが、その前に有名な「八雲立つ出雲八重垣妻籠《つまご》みに、八重垣つくるその八重垣を」とよんでやはり須賀宮《すがのみや》をつくっている。このように結婚にはいつも屋造りのことがつきまとっている。宣長《のりなが》はこのことに不審をいだき、執拗なまでにこの点にこだわっている。

結婚に際し家をつくることなど当り前の話なのに、何故ことさら取上げてかかれ、意識に上せられているのか、それには必ず何か深いわけがあるに違いないと鋭く勘を働かせている。宣長がいぶかった点について私は次のように考える。家はその柱が男根に、柱の下は女陰に、家そのものは母の胎に見立てられていた呪物だから、結婚に際し常に言及されなければならないものだった。それでは古代日本人にとって結婚とは何だったのか。

「奄美大島では婚礼を世のはじまりと称し、一族の重大な儀式として厳かにこれを行なう。婚礼を根引祝ともいう」（茂野幽考『奄美大島民族誌』）

　婚礼は世の始まり、根引きであるという奄美にのこる意識はおそらく日本古代人の意識でもあったろう。前述したように、男女の交合を形であらわすもの、つまりその造型が家であった。それだから婚礼が世のはじまりを示すことであるなら、家は世のはじまりを示すものなのである。また家は母の胎の造型でもあるから、そこに真正の母胎の持主を据えることによって、呪物は一層その呪力を増すと考えられた。母の胎・女陰が生命を生み出す大元であり根であるから、真正の母の胎の持主である女を、家という呪物の胎の上に重ね据えることが「根引き」なのである。結婚とは棒と円の結合であるが、同じく柱と限られた空間の結合である家をつくることによって、現実的にも呪術的にも世のはじまりが示現されることになる。婚礼に際してまず屋造りがなされ、そのことが述べ立てられ、「妻籠み」ということが唱われるのはこうした理由によるものであろう。

　以上、家が母胎の造型であると同時に男女交合の相の造型であることについての考察であるが、同様のことが「戸《へ》」という言葉からも察せられる。戸――日本では古来、家をかぞえるのに「戸《へ》」という言葉がつかわれている。「戸」とはカマドである。『古事記』上巻にも大年神《おおとしのかみ》と天知迦流美豆比売《あめちかるみずひめ》の間に出来た大戸比売神《おおべひめ》が、諸人の斎《いつ》き祀るカマドの神である、と記されている。

カマドのカマはホラと同じく凹みを意味する。カマドはカマになった処、凹んだ所の意味であったが、現実には火を焚《た》く所、火処《ほと》であって、それは女陰を象徴するものであった。家を数えるのに「戸」が用いられたことはカマドが家を代表することを示す。それはつまり家とはカマドという女陰の象徴物をもった母の胎である、ということであろう。

家は小世界であり、同時に母の胎と考えられていた。家屋における東は神座であると共に男の座であり、同様に西は人間―女の座である。女陰の象徴としてのカマドが築かれるのも西である。

家の聖所は東の神座、西のカマド、中央の大黒柱の下の三ヵ所である。つまり家の中央の柱は世界の中央の天のみ柱になぞらえられ、伊邪那岐・伊邪那美の二神と同様に、東の男と西の女は家の中央に合して陰陽交合する。恐らくこの時、本来西にあるはずのカマドも呪物・斎瓮《いわいべ》として柱の中央に据えられたのではなかろうか。それが古代の婚礼ではなかったろうか。

まつりと家

誰《たれ》そ　この屋の戸おそぶる　新嘗《にふなみ》にわが夫を遣りて　斎《いは》ふこの戸を（『万葉集』巻十四）

草枕　旅ゆく君を幸《さき》くあれと　斎瓮《いはひべ》すゑつわが床《とこ》の辺《べ》に（『万葉集』巻十七）

家は小世界であり、母の胎を象徴する呪物であるから、ここに神のみあれも期待できる。つまり祭りの場にもなり得るのである。その際は夫は外に出されて家は閉《とざ》され女だけがこもるのではなかろうか。一首目の歌はそうしたこもりをして神のみあれをまつ女の歌と思われる。二首目は呪物の瓮《かめ》をすえて旅にある夫をこの家の胎児として斎い込め、時満ちてそれが生まれ出るように夫の無事の帰りを待つ、そういった呪術がうたわれているのではなかろうか。共に家が母の胎と仮定してはじめて成り立つ呪術と思われる。

招婿婚と家

古代日本人は母の胎・女陰を男女を一つに統合する所、つまり男女間の中央にあるものとして意識していた。その母の胎の所属は女性である。女性が真正の母の胎の所有主であるから、人工の擬似母胎である家の中央に女を据えることは、家の呪力をいよいよ明瞭に発揮させることになるのである。家屋という呪物の胎は、真正の胎によって生気を与えられる。家屋に活気をつけるのは女である。それだから呪術的に女は家を離れることができなかった。須佐之男命は屋造りに際して、「妻籠《つまご》み」といい、家は妻をこもらせる所だとしている。それは家における女が男よりはるかに重要であったことを示す。

関西地方では家妻の呼称が「お家はん」であり、古くは「家刀自《いえとじ》」ともいった。家と女の結びつきの深さは男とは比較にならない。古代から中世に至るまで我国の結婚が招婿婚《しょうせいこん》であって、女が家を離れなかったのは、前述の理由によって呪術的に女が家を離れることが出来なかったからではなかろうか。従来その理由は、労働力の確保などという社会的の解釈が多くなされて来た。しかしそれは家という呪物の胎に、真正の胎を重ね合すといった、繰返しの好きな民族性に基く単純な原理によっていることなのではないか。大方の批判を仰ぎたいと思う。

6　現世生活像の考察

同質のものが一つの平面上に同心円をなして繰返されている世界に対し、同様に同質のものが立体的に積上げられてゆく結果が一つの「像」をなしている――それを仮に現世生活像とよんでおくが――それについて考えてみよう。

世界像において同心円をなして繰返されているものも、現世生活像において積重ねられてゆく仮屋も、本質的には同じく擬似母胎であるが、前者の安定に対し、後者は著しく流動的である。それは前者における同心円群、つまり擬似母胎群が、国・都或いは村というように固定したものであるのに対し、後者の擬似母胎群は人生または年間の折目節目にたてられる仮屋であって、その仮屋はそこにこもる生命体に対し蛇の脱皮における殻のような役割を持ち、こもりの時が過ぎれば次々に取壊されるべき運命、性格をもっているからである。仮屋は個体の生命更新のための呪物であるが、この呪物をつくり出した源は、「中今《なかいま》」という言葉によって象徴されている古代日本人の哲学なのである。

中今

日本には古くから、「中今」という言葉があった。

和銅元年正月、詔「高天原ヨリ天降リマシシ天皇（邇々《にに》芸命《ぎのみこと》）ガ御世ヲ始メテ、中今ニ至ルマデ、天皇ガ御世、天ツ日嗣ト高御座ニマシテ、云々」（『続日本紀』巻四）

辞書でみると、「中今」とは過去と未来の真中の今であって、「今」と同じ意味であるとか、今の世を盛りに真中の世とほめる意味をもつと解釈されている。たしかに用例をみれば「今」という意味に解して一向差支えない使われ方である。しかし古代人がことさらに

「今」の上に「中」を冠せたのはそれ相当の理由があろう。「今」では表現し切れない何かが古《いにしえ》の人の心の中にあった。その「今」だけでは表現し切れないものが、「中」であらわされているのではあるまいか。

「中」は真中の世として今をさかりとほめる意味だともいう。何故まん中がほめる意味となるのだろう。問題はむしろここにある。まん中の意味を考えなくてはならない。

古代日本人は東といえば西、過去といえば未来というように、異質の二元を対立させることを好んだ。ところでその異質の二元を対立させ、その対立をはっきりさせるにはその二元をわかつものが必要である。過去と未来をわかつものは現在である。しかも現在は過去と未来をはっきり分つと同時に、過去と未来をその中に内包するものでもある。分つと同時にその分ったものを統一・内包するという相反する性質をもつ。これを図式にしてみると次のようになる（四七頁第十一図）。

過去をAとし、未来をBとし、現在をCとする。

古代人は人の種は東方から来るものと考えた。西方は人間界である。古代人にとって空間を欠く時間は恐らくないと思われる。そのような純粋時間はとらえられてはいない。したがってこの時間の流れもまた東から西へ、太陽の動きになぞらえてとらえられたであろう。過去は東、未来は西であって、「時」はよどみなく過去から未来へ、いいかえれば東から西へ流れるものと考えられた。

その「時」の流動は人を「老い」と「死」へさそうものである。いつまでもこの「今」を、「今」としてとどめたい。しかし「今」をただ止めてしまうことは「今」の本質を失わさせることにしか過ぎず、結局のところ「今」にはならない。しかも放っておけば時の流れは不断に東から西へ動き、「今」は刻々に死滅するのだ。「今」を「今」として本来の流動を止めさせず、しかも東から西への死の方向へ向わせないためには、その「今」を中央に積上げ、重ねさせてゆくほかはない。中央に「今」を積むこと、それが「中今」なのだ。つまり「中今」とは呪術の「時」なのである。それは「今よ、常に中今であれ」といって「今」を祝《ほ》ぐ呪術の言葉なのである。

それでは現実にどうしたらこの「今」を中央に積重ね、「永遠の今」つまり「中今」を呪術的にもたらすことができるのか。その中今をもたらすための呪術がおそらく世界に類をみない日本に特有の現象と思われる折目節目ごとの「仮屋造り」ではあるまいか。その仮屋とはつまり擬似母胎であって、そこに生命をすくいとり、呪術の胎児として人をそこに一時こもらせ、そこから新たに中央に向って生れ直させるのである。出産に際してたてられる産屋は、いわばこの仮屋造りの第一号である。

産屋の原理

人間界における最重要の相対は男と女である。男は種をもつという点で東方、神界に属し、女は畑として人間界そのものの代表である。そこで先の図において過去を東としたが、同様に男を東Aとし、女を西Bとする。ところで男と女という異質の二元を、もっとも相対的に分つものは「性交」である。しかし、時において過去と未来を分つものが現在であって、しかもこの二者を内に統一するものもまた現在であったと同様、男女の二元を合一させるのも「性交」である。したがってＡＢの中間Cはこの場合「性交」となる。性交は行為であるが、このCを場所にとれば「母の胎」、物にとれば母の胎を占める「胎児」である。つ

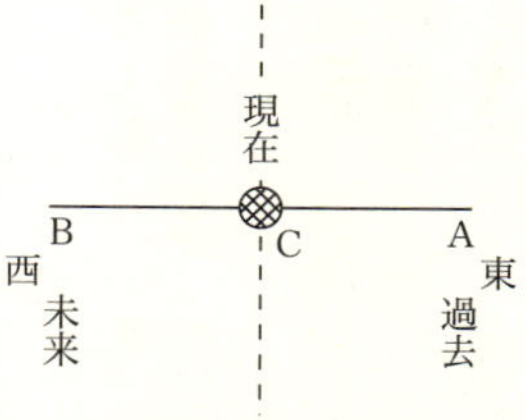

第十一図　古代日本人の「中今」観

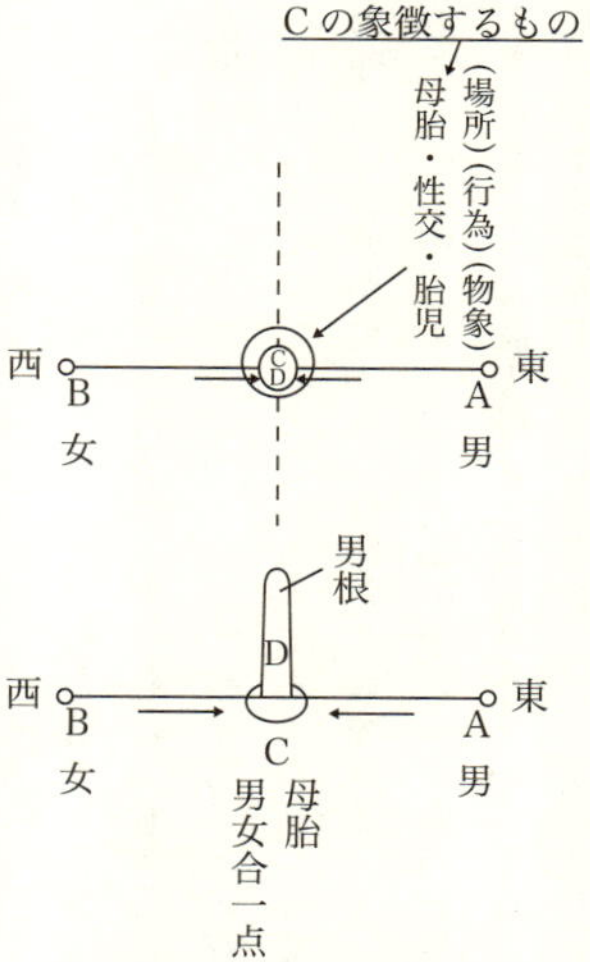

第十二図　古代日本人の世界観の原点
(上) 平面図 (下) 立体面

まりC点を占めるものは、性交・母の胎・胎児と考えられる(前頁第十二図)。

中央の「胎児」はしたがってこの男と女を相対的に、父と母としてはっきり分つものであると同時に、それら双方に共通の子としてその二者を合一するものでもある。相対する二者を分つと同時に統合するこの胎児は、したがってこの二者に匹敵するほどの存在である。胎児は立派な「人」なのである。胎児は腹に宿ったときから人であった。沖縄では女に限る祭事に妊婦を参加させない。その理由は胎児が男かもしれないからである。ということはすでに胎児を人同様に取扱っていることを示す。また日本古来の年齢の数え方は生まれたときを一歳とする。ゼロ歳ではない。ということは胎児はすでに何ヵ月という年齢をもった「人」なのである。母の胎に宿った胎児がすでに人であるということは、逆に人もまた胎児となり得る、という思考を導き出す。

東方から来た人間の生命の種は男性に憑依《ひょうい》し、女性と合体して中央の母の胎に胎児としておさまる。人の種は元来、東から西へ動いて来たものである。だから人の胎児は放っておけば東から西へ渡来したその余勢を駆ってさらに西方に生まれ出るであろう。現世よりさらに西の方向は死の方位である、西へ落ちる夕陽を見るがいい。太陽は東へ帰るために西へ落ち、翌朝は東に新生する。しかし人は太陽とはちがう。折角生まれて来たものが、何を先を急ぎ、西方を目指すことがあろう。この現世で「中今」と祝《ほ》がれるときを十分に生きて楽しまねばならない。放っておけば西へ動こうとする生命を、時間的にも空間的にも現世の中央に止まらせねばならない。それが古代日本人にとって至高至上の命題であった。

東から西への運動の延長として西方へ動こうとする、つまり死の方位へ行こうとする生命の動きを抑止する有効手段として彼らが考えたことは、生命を西方でなく、中央に迎え取ることであった。新生児を母胎からそのまま生放《うまればな》しにさせれば、東から渡来の運動の継続として、新生児は西方に向って生まれ出るであろう。その勢いを抑止するには、中央の母の胎に重ねて人工の擬似母胎を応急につくり、そこに新生児を第二次胎児としてこもり直させるほかはない。それによってのみ西方に動こうとする生命を中央に押し止どめ、この中央に生命を更新し、生命を積上げてゆくことが可能なのだ。この人工の擬似母胎がつまり産屋なのである。新生児は現実の母の胎から生れ出た次の瞬間、産屋という第二次人工母胎の胎児に居直る。家・村・都・国土が水紋の様に遠心的に同一平面に同心円を画いて拡がるのに対し、同じく繰返しではあるが、産屋は真正の胎に積重なる立体的擬似母胎である。西方を志向する新生命の運動を、中央から中央への運動にねじむけるための呪物が産屋である。それを図にすれば次のようになる（次頁第十三図参照）。

産屋にすくいとられた新生児は、呪術の誕生を中央に向って重ね、西方への生命の運動は無事に回避されるのである。その様相は蛇や蟹の脱皮にも関連して把握され、呪術の出産と、脱皮は古代人の意識の底に常にからみ合って存在していたと思われる。蛇の脱皮につい

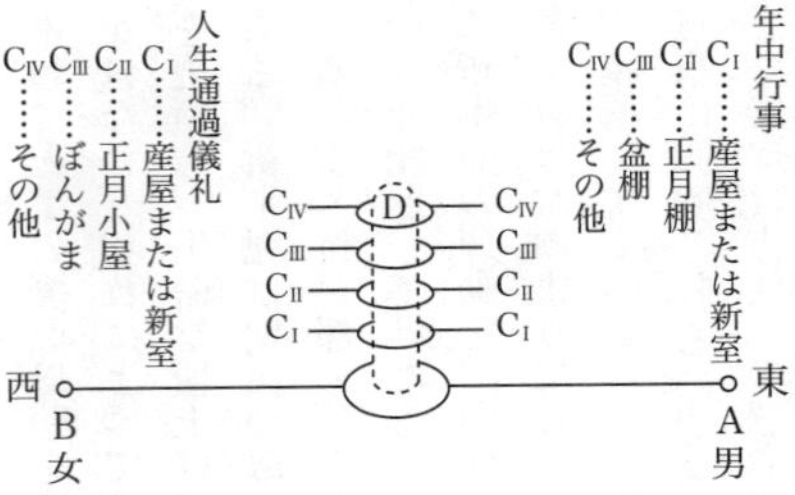

第十三図　現世生活像における擬似母胎群

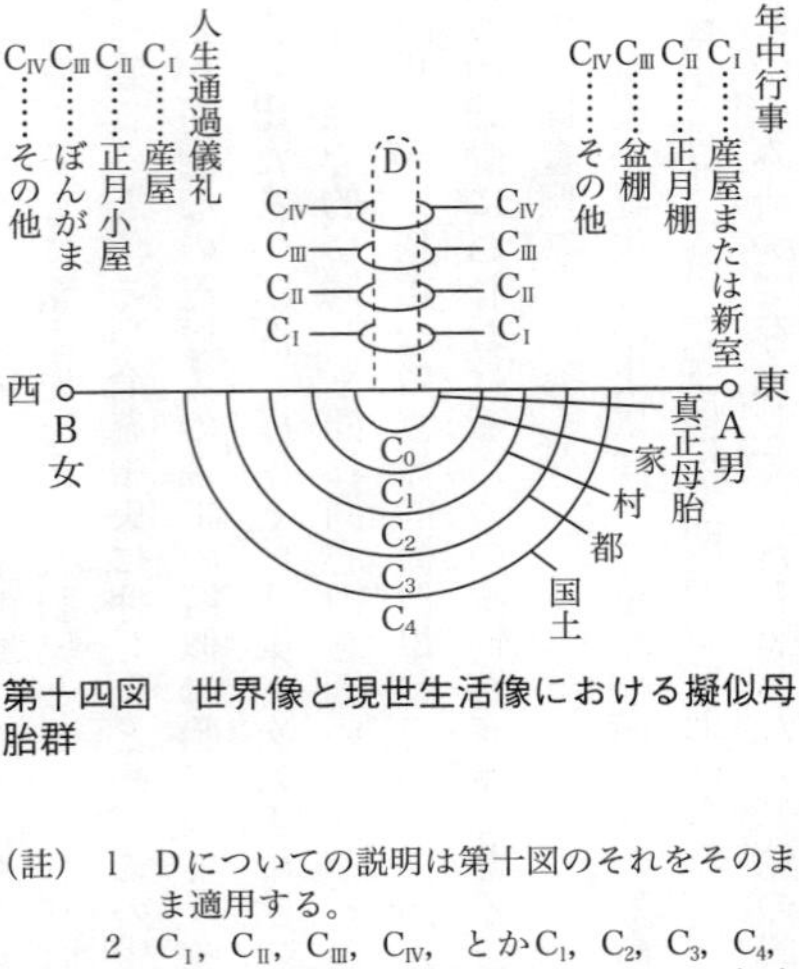

第十四図　世界像と現世生活像における擬似母胎群

（註）1　Dについての説明は第十図のそれをそのまま適用する。

2　C_{I}, C_{II}, C_{III}, C_{IV}, とかC_1, C_2, C_3, C_4, という番号はあくまで仮のもので、年中行事・通過儀礼はこの他にいろいろある。

ては拙著『祭りの原理』第四章において、出産にまつわる蟹については同書第二章においてそれぞれ考察したので、参照して頂きたい。

こうして中央に向って呪術の誕生をし直した新生児は成長するにつれ、その人生途上の重要な時期に、この産屋に似た仮屋に再びこもって生命を新たにする。それが少年の場合、正月の「鳥追い小屋」「道祖神小屋」（後にサギチョウに習合される）であり、少女の場合は

「ぼんがま」である。これらについてこれまではそれぞれ成年戒、成女戒の意味が考えられているが、本来は身体の変り目を新生の一つの時期として、擬似母胎に胎児としてこもり直すことを目的としていると思う。鳥追い小屋やぼんがまは、産屋をC_{I}とすれば、C_{II}、C_{III}であり、産屋同様、生命を中央に向って更新させるための擬似母胎という呪物である。それらは同時に蛇のヌケガラにも比せられていたと思われるから、用がすめばいち早く取壊される運命の小屋であったと想像される。ヌケガラというものは脆《もろ》く忽《たちま》ちに崩れ去るものである。そのことが一層対照的にそこから出て行った新生命を輝かしくみせるものであるから、その類推によって小屋は一気にこわされ、また焼却されるのである。

鳥追い小屋・ぼんがまのほかにも人生の通過儀礼として、三歳の髪置《かみおき》・五歳の袴着《はかまぎ》・七歳の帯解《おびとき》（女）などの儀式があった。それらもまた人生の折目節目におかれた生命更新の呪術であった。一々についての説明は省略するが、一例として五歳の袴着についての概略をあげておく。

「五歳の袴着は深そぎ、髪そぎともいわれた。当日幼童を碁盤の上に立たせ、吉方に向わしめ、賀茂紏《かものただす》の河の石を両手に握らせ、両足にもこの石を踏ませ、髪を左右にわけてその末をそぐ。そのそいだ髪は河中に投げる。碁盤からは吉方に向ってとび下りさせる」

（『古事類苑』解説）

ここにうかがわれるものは、新生と脱皮の両面をかねた呪術である。つまり仮屋は擬似母胎であるがここにみえる碁盤はその仮屋のそのまた代用物であって、この碁盤から吉方に向ってとび下りることは新生の呪術。髪そぎは恐らく「みそぎ」を意味し、蛇の脱皮の擬《もど》きであろう。幼童の掌に賀茂のただすの川の小石を握らせ、足にそれをふませることは川中にあることの暗示であり、そいだ毛髪を川に投げることも蛇の脱皮を思わせるのである。

こうして古代日本人は産屋を第一号とする仮屋の呪術を人生の通過儀礼の中にくり返したのであるが、それと同様のことが一年の間にも年中行事として繰返され、生命を中央に向って更新する努力が払われたのである。年中行事のなかで規模の大きなものは六月、十二月の大祓い、または盆と正月であり、そのほかにもいろいろの形で新生・脱皮の呪術が行なわれたのである。

7 再び家について

家は、水紋のように同一平面上にひろがる同質の世界像のうち最小のものであるが、同時に産屋と共に現世生活像の第一号でもあった。古代日本人によって人の誕生と結婚は共に世《よ》(節《よ》)のはじまりと考えられ、誕生の際には産屋が、結婚に際しては新室《にいむろ》がそれぞれ設けられた。結婚はむしろ人生途上の大きな節《よ》と考えられるが、何故古代人によって誕生と同様に、世のはじまりと考えられたのか。恐らくそれは結婚によって世代を異にする新生命が生み出されるためであろう。誕生はその個人の世のはじまりであるが、結婚は次の世をもたらすべきものであった。誕生と結婚は次元を異にする節《よ》なのである。同じく節《よ》といいながら個体の生命の節《よ》と、一々の個体を貫く大生命の節《よ》とのちがいがそこにあり、前者のための擬似母胎が産屋、後者のためのそれが新室であって、共に擬似母胎であると同時に脱皮する蛇のカラに擬せられた呪物でもあった。

家屋は古代の呪物中、恐らく最重要でしかも複雑な性格を有するが、その複雑性は家が平面的世界像の最小像であると同時に、立体的生活像の第一号でもあるというその二重性に負っている。家屋には世界像にみられる安定性と、現世生活像にみられる流動性が混在し、後者における家は本来はその節《よ》毎に、つまり人生及び年間の折目節目ごとに建設破壊されるべき性質を内包している。しかし家の造りは年代が下がるにつれて精巧堅牢となり、それが出来なくなるために、その代償として人は家を一時的に出ることによって新生の手段としたり、仮屋をたててそれを破壊することによって脱皮を擬く呪術としたのである。

人は家の胎児、村または都邑《とゆう》の胎児、国土の胎児として自己を拡大する一方、産屋または家を基点として仮屋から仮屋へこもり直し、新生・脱皮を繰返して、中央に向って個人としての生命、種族としてのより大きい生命の更新をはかるのである。家は安定の世界像と、流動の現世生活像との接点に位置する呪物といえよう。家の呪物性は表面にはうたわれず、神話その他の叙述のなかに時折顔をのぞかせる。その謎にいち早く感付いたのは宣長であったが、彼はその謎を謎として提起するにとどまり、解こうとはしなかった。私はあえてその謎に挑み、以上の理論を組立ててみた。しかしなお他日の訂正を俟《ま》つべきところも多々あろう。この論考は従来見過されてきたものを取上げ、それに対して一応の筋道をつけようとしたものである。

なお「村」と「都」の関係は併列の関係にあり、「家↓村↓都」ではなく、「家↓村」、「家↓都」の関係である。世界像において家は擬似母胎の最小像であり、それより大きいものが村または都なのである。しかし村よりは都が大きいため、水紋状に拡大する作図においては村の外像の輪となり、誤解が生じやすいが、その輪の拡がりは家↓村↓国土、または家↓都↓国土、なのである。

註

(1)「常陸は『葦原中国』でありながら、それと同時に『天』でもあった……」(東実『鹿島神宮』六〇頁、昭和四十三年七月、学生社刊)

(2) 出雲大社と鹿島神宮の社殿は共通であっていずれも大社造りの基本型を示している。それというのも出雲大社をつくった人は他ならぬ鹿島神宮の祭神、武甕槌神だからである(同右、二八〜二九頁の要約)。

(3) 古代家屋は多く丸葺屋で、その要素は棒と円の結合に還元され得るのである。

第一章　日本原始信仰と陰陽五行説

1　陰陽五行説

陰陽五行説の概要

陰陽二元論　陰陽五行説とは簡単にいえば宇宙間における森羅万象を、陰と陽の関係において捉えようとする二元論であって、天象には太陽（日）と太陰（月）の二元があり、人象には男女両性がある。この陰陽が互いに交感・交合して万物は生成化育・栄枯盛衰をくりかえす、というのである。

宇宙という言葉の「宇」は四方上下、つまり空間であり、「宙」は古より今に至る時間である。つまり宇宙も時間・空間の二元であり、空間も上下、東西、南北等の相対においてとらえられる。時間にも過去・未来の相対がある。この相対の中には必然的に「中央」が意識され、東西、南北の相対の中には「中央」があり（場処）、過去・未来の相対には「今」が時間の中央として捉えられる。

五行　万物は陰陽の交合によって生死・盛衰をくり返すが、その作用《はたらき》の具象化が五行《ごぎょう》である。五行の「五」は宇宙間の五原素、「木火土金水《もくかどごんすい》」であり、「行」はその作用の意味である。木・火・土・金・水は互いに相生《そうじょう》し、相剋《そうこく》して万物をして盛衰の輪廻をくりかえさせるが、人間もまたこの理法から逸脱は出来ず、この原理に組込まれている、というのが陰陽五行思想である。

相生の理と、相剋の理　「木火土金水」は互いに相生・相剋して、万物をして生死の輪廻をくり返させる、というが、五行相生相剋図Aの(1)(2)は、それぞれ相生の理と、相剋の理を、示すものである（口絵参照）。

五行相生相剋図Bについて（口絵参照）五行相生相剋図Bの(1)(2)(3)は、「木火土金水」をその本来の位置に据えて作図したものである。その本来の位置とは、

木……東
火……南
土……中央
金……西
水……北

である。

相生相剋図Aが、単に木火土金水の順を追って作図されたのに対し、Bは五行の相生・相

剋の本質を明かす作図といえよう。

五行説図表　「木火土金水」は五原素としてあるだけでなく、色彩・方位・季節・時間・惑星・十干《じっかん》・十二支・内臓・人間精神に至るまでこの中にあてはめられている。

それを図表にしてまとめると上のようになる（第一図参照）。

	木	火	土	金	水
色彩	青	赤	黄	白	黒
方位	東	南	中央	西	北
季節	春	夏	土用	秋	冬
時間	朝	昼		夕	夜
惑星	木星	火星	土星	金星	水星
十干	甲乙	丙丁	戊己	庚辛	壬癸
十二支	卯	午		酉	子
九星	三碧	九紫	五黄	七赤	一白
卦象	震	離	中	兌	坎
内臓	肝	心	脾	肺	腎
徳目	陽気	情熱	円満	剛毅	奔放 沈静
月	旧二月	旧五月	（土用）	旧八月	旧十一月

第一図　五行説図表

五行説図表の見方　五行説図表は横によむことが大切である。たとえば最初の「木」の項を横によめばその色は青、方位は東、季節は春、時間は朝、惑星は木星、十干は甲乙《きのえきのと》、十二支は卯、九星は三碧、卦象《かしょう》は震☳、ということが判る。

色彩・方位・時間等は自明であるから、五星・十干・十二支・九星（九気）・易卦象などについて、小林信明『中国上代陰陽五行思想の研究』、藤田六朗『五行循環』、田中胎東『九気密意』等、多くの先学の労作の援《たす》けを借りて、以下その概略を述べる。

五星　五星とは木星・火星・土星・金星・水星の五惑星である。古代肉眼で観測し得た惑星はこれがすべてであった。これらの惑星は多数の星座の中を西から東へ自由自在に進む星である。

太歳と十二支　これら五星の中では木星がもっとも重要視された。木星の運行は十二年で天を一周する（厳密には十一・八六年）。つまり木星は一年に十二区劃《くかく》の中の一区劃ずつを移行するので、その所在は十二次によって示される。

木星は西から東、つまり太陽や月と逆方向に移動する。そこで木星の反映ともいうべきものを仮設して、これを時計と同じく東から西へ移動させる。この想像の星は神として、つまり木星の神霊として歳陰とか太歳《たいさい》の名で呼ばれる（以後この文中では太歳とよぶ）。

この太歳は北極にいる上帝の顕現とみられ、天神中もっとも尊貴なものとされるが、この太歳の居処につけた名が、子《ね》・丑《うし》・寅《とら》の十二支なのである。つまり十二支は木星と反対方向に、同じ速度で巡る太歳の居処につけた名称である。これが年の十二辰《しん》、又は十二支である。

木星と太歳の袖を分つ処は寅の初めの処である。太歳が寅の処にいる年は寅年で、卯《う》にいる年は卯年であるが、そのとき、つまり太歳が寅にいて寅年のとき、木星は丑におり、太歳が卯にいて卯年のときは、木星は子にいるわけである。これが木星と太歳の関係である。

月の十二支　十二支は年だけでなく、月にも日にも時刻にも方位にも当てられる。月の十二支は北斗七星の黄昏時に初めて見える時に指している方位によって指示される。つまり北斗の柄が黄昏の時に、寅の初めを指す日を正月の節とし、寅の中央を指す日を正月の中とし、卯の中央を指す日を二月の中とする。正月を寅の月とするのはこの為である。

日・時刻の十二支　日にも子・丑・寅の十二支が宛てられ、一日の時刻にも同じくこの子・丑・寅があてられる。夜半午後十一時から翌午前一時迄の二時間が子の刻であり、日中午前十一時から午後一時迄の二時間が午《うま》の刻である。

方位と十二支　方位は正北を子《ね》、正南を午《うま》、正東を卯《う》、正西を酉《とり》とする。この東・西・南・北を四正《しせい》といい、その間を、つまり東南・西南・西北・東北を四隅《しぐう》というが、東北には丑・寅、東南には辰《たつ》・巳《み》、西南には未《ひつじ》・申《さる》、西北には戌《いぬ》・亥《い》、がそれぞれ配されている。

十干　十二支に組合わされるものに「十干」がある。十干は、甲《きのえ》・乙《きのと》・丙《ひのえ》・丁《ひのと》・戊《つちのえ》・己《つちのと》・庚《かのえ》・辛《かのと》・壬《みずのえ》・癸《みずのと》であるが、

甲《きのえ》・乙《きのと》＝木《き》の兄《え》・木《き》の弟《と》＝木＜兄—陽／弟—陰

丙《ひのえ》・丁《ひのと》＝火《ひ》の兄《え》・火《ひ》の弟《と》＝火＜兄—陽／弟—陰

戊《つちのえ》・己《つちのと》＝土《つち》の兄《え》・土《つち》の弟《と》＝土＜兄―陽、弟―陰
庚《かのえ》・辛《かのと》＝金《か》の兄《え》・金《か》の弟《と》＝金＜兄―陽、弟―陰
壬《みずのえ》・癸《みずのと》＝水《みず》の兄《え》・水《みず》の弟《と》＝水＜兄―陽、弟―陰

というものであって、十干とは陰陽五行そのものである、ともいえる。

十干の意味するもの

「甲《きのえ》」は（ヨロイ）で、草木の種子を蔽《おお》う厚皮で、種子がまだ厚皮を被っている状態。

「乙《きのと》」は（軋《きし》る）で、草木の幼芽のまだ自由に伸長しえない屈曲の状態。

「丙《ひのえ》」は炳（あきらか）で、草木が伸長して、その形体が著明になった状態。

「丁《ひのと》」は壮と同義で、草木の形態の充実した状態。

「戊《つちのえ》」は茂（しげる）で、草木の繁茂して盛大になった状態。

「己《つちのと》」は紀（すじ）で、草木が繁茂して盛大となり、その条理のととのった状態。

「庚《かのえ》」は更（あらたまる）で、草木の成熟団結してゆきづまった結果、自ら新しいものに改ってゆこうとする状態。

「辛《かのと》」は新（あたらし）で、草木の枯死してまた新しくなろうとすることをさす。

「壬《みずのえ》」は妊（はらむ）で、草木の種子の内部に更に新しいものの妊まれることをさす。「癸《みずのと》」は揆（はかる）で、草木の種子の内部に妊まれたものが、段々に形造られて、その長さが度《はか》られるほどになったことをさす。ついで帽子をかぶってムクムクと動き出す「甲」となるのである。

太陽の熱と光のエネルギーが地球の各部に伝えられて、草木の種子が内部的胎動から発生・繁茂・成熟・伏蔵の順をたどり、その過程が十干・十二支によって示されている。

十二支の意味するもの

「子《ね》」は孳（ふえる）で新しい生命が種子の内部から萌《きざ》し始める状態。
「丑《うし》」は紐（ひも、からむ）で萌芽が種子の内部に生じてまだ伸び得ぬ状態。
「寅《とら》」は螾（うごく）で、草木の発生する状態。
「卯《う》」は茂（しげる）で、草木が発生して地面を蔽う状態。
「辰《たつ》」は振（ふるう）で、陽気動き雷が電光と音を出し、草木が伸長する。
「巳《み》」は已（やむ）で、万物が繁盛の極を示す。
「午《うま》」は忤（さからう）で、万物が繁盛の極を過して衰微の傾向になったことを示す。
「未《ひつじ》」は味（あじわい）で、万物が成熟して滋味を生じたさま。
「申《さる》」は呻（うめく）で、万物が成熟してしめつけられ固ってゆく有様。
「酉《とり》」は緬（ちぢむ）で、万物が成熟の極に達したありさま。

「戌《いぬ》」は滅（ほろぶ）で、又は切るというい みで、万物のほろびゆく状態。

「亥《い》」は閡（とじる）で、万物がすでに凋《ちょう》落《らく》して生命が種子の内部に内蔵された様。

以上は万物の変生・繁茂・成熟・伏蔵の過程、即ち陰陽の消長する順序を十二の段階にわけて示したものである（第二、三図参照）。

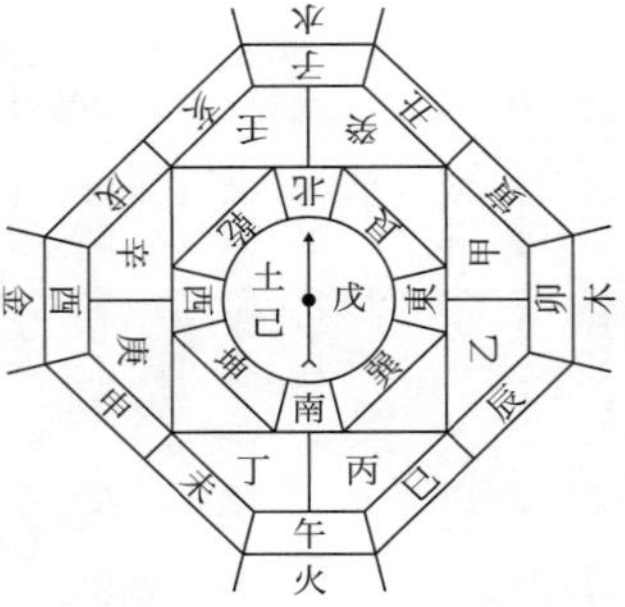

第二図　十干・十二支方位図

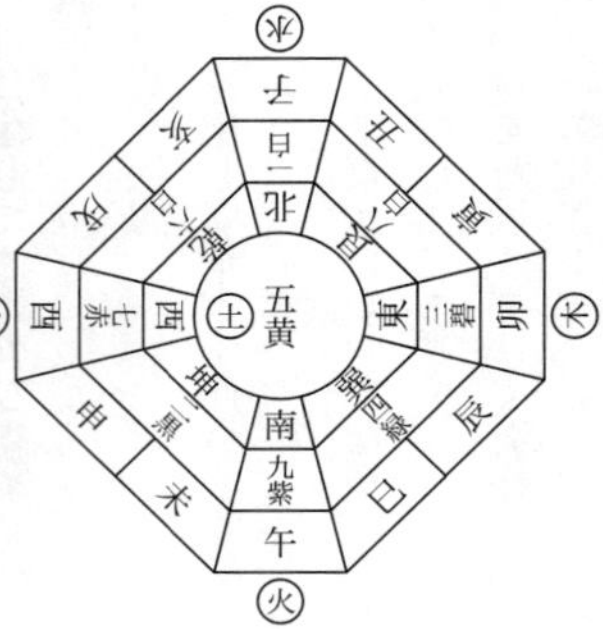

方位に割当てられた十二支と九星（九気）

子——北——————一白
丑・寅——東北（艮）——八白
卯——東——————三碧
辰・巳——東南（巽）——四緑
午——南——————九紫
未・申——西南（坤）——二黒
酉——西——————七赤
戌・亥——西北（乾）——六白
五黄（中央）

第三図　九気・十二支方位図

易経　陰陽説の創始者は伏羲《ふっき》といわれるが、この陰陽の原理が最もよく応用されているのが『易経《えききょう》』である。そこでこの『易経』も伏羲によって創始されたと伝えられ、更にそれを完成したのは周の文王であるという。

一方、五行説の創始者は黄帝《こうてい》といわれ、その五行説が応用されているのは『書経《しょきょう》』の中の洪範《こうはん》である。洪範は夏《か》の禹王《うおう》が、天から授かったもので、その後、歴代の王に伝えられ、殷《いん》が滅亡したとき、殷の箕子《きし》がそれを周の武王に伝えたといわれる。

そこで『易経』も洪範も周の王室と密接な関係がある。

周と陰陽五行　『易経』と『書経』とによるときは、陰陽五行説は、殷末、周初の時代に既に成立していたとみられ、周の王室の政治の指導原理をなしていたとみられるのである。

しかしこの説は伝説の域を出でず、陰陽五行説が真に成立した時代は、それと提携している天文暦数の発達史から明らかにされなければならない。なお陰陽五行は医学とも密接に結びついているので、この方面からの考察もまた必要なのである。

九星（九気）　九星は『河図《かと》』『洛書《らくしょ》』から出たという伝説がある。それは太古伏羲氏のとき黄河から竜馬《りゅうめ》が出、その背に一から十までの紋があり、天の星を象《かたど》るようにみえたのでこれを図にとったのが『河図』であり、禹王のとき洛水から神亀が現われ、その背に一から九までの数が神紋をなしていたのが『洛書』であるといわれている。

しかしそれは要するに神話であり、伝説であって、要は五を中心として横・縦・斜のどの

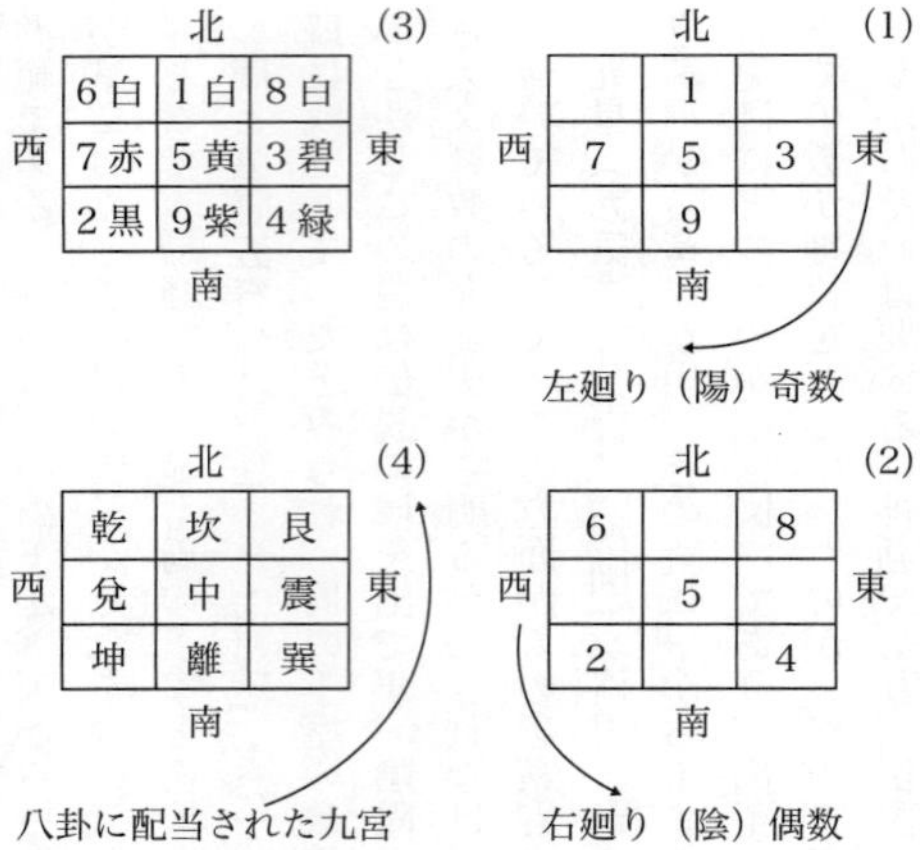

第四図　九気原理図表

方から数えても総和は必ず十五になる、という図表なのである。

それは天地運行の順序を数で表示したもの、つまり森羅万象の変転と、それに則《のっと》った人倫を示すものとされている。

九星（九気）の原理（第四図(1)(2)(3)(4)参照）「太陽は東から西へ廻り、地球は西から東へ転ずる。天は陽、地は陰とするから、陽は左廻り、陰は右廻りとなる。また陽は奇数、陰は偶数であるから、陽の代表数三を、基点である北の一に乗じ、左遷した東に『一三が三』と置き、この東の三に三を乗じて『三三が九』と南方に『九』が位し、この九に三を乗じてえた二十七の盈数《えいすう》を払った『七』を西に置き、これに三を乗じてえた二十一の盈数を払った『一』を北方におき、もとに帰るのである（第四図(1)参照）。

こうして九星の東・西・南・北の四正が定まる。次に陽は南の『九』に極まるので、この九に兆《きざ》した陰気は西南隅に陰の初めの『二』と生じ、これに陰の代表数『二』を乗じて右遷すれば東南の隅に『四』と廻り、これに二を乗じた『八』は東北隅に、『八』に二を乗じた十六の盈数を払った『六』は西北隅に、これに二を乗じた十二の盈数を払った『二』で初陰に還るのである（第四図(2)参照）。

『五』は中央に座し、一から九までの数は定位におさまるわけである（第四図(3)参照）。

これが洛書に示された大自然の運行原理で、これに則って天地の大道が行われ、治国平天下の結果をみるというのである。

易と九星・十干・十二支　そこで易の位、つまり八卦もこれに則って定まり、後に万物生成化育の順序を象徴した十二支が配され、更に五行つまり十干も組合わされて、占術の基となったのである（第四図(4)参照）」。（中村文聡著『運勢の占い方』二九二頁、大泉書店、昭和三十六年四月一日刊）

以上が陰陽五行思想の概要であるが、陰陽五行の特色は、今述べたとおり、それに十干・十二支・易・九星（九気）が密接に結合しており、その結合の理解なしには結局のところは判らないということである。陰陽五行の理解の困難さは要するに相互間のこの複雑な結合、もしくは関連である。

そこでその理解の一助にもと私はこの複雑な関係を一応、次頁の表のようにまとめてみた。もちろん不完全なものであって欠点は至るところにある。しかし大体の概念はこの表に

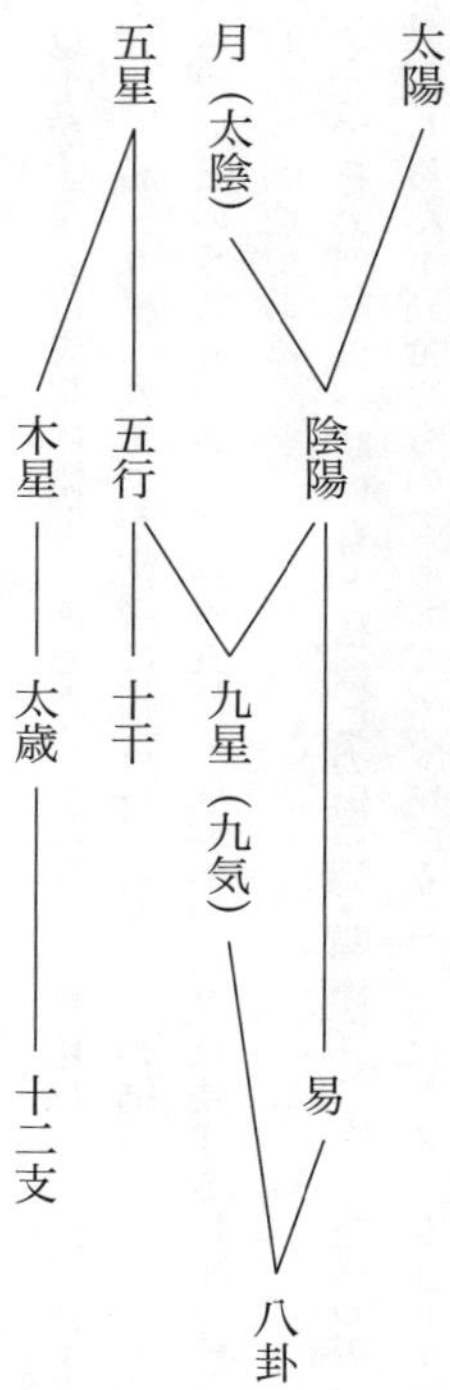

第五図　陰陽五行相関表（私案）

よってつかめるかと思う。

陰陽五行説の日本渡来

この陰陽五行思想ははやく日本にも招来され、その時期は恐らく文字移入の源初にまでさかのぼると思われるが、もちろんはっきりしたことは判らない。しかし次のようなことはおよそ想像がつく。

つまり日本に入った陰陽五行説は、六世紀中頃から七世紀初頭にかけては緩慢に、その後、紀元六四〇年頃、南淵請安《みなぶちのしょうあん》・高向玄理《たかむこのくろまろ》らの学僧や留学生の帰朝後は急速に浸透し、天《てん》智《じ》天皇の治世に至って最高潮に達したろうということである。

日本に入った陰陽五行の特色は、その実用の面にあり、暦・占星・占術の方面において、本家の中国も顔まけするほどの勢いで取り入れられた。

その占術は原始日本信仰と密接に結びついて、日本古代呪術となり、日本の社会の深層に潜んで、根づよく日本民族を支配して来た。その最盛時から千年以上の間、各階層を問わず、仏教の中にも神道の中にもしのび込み、表面には立たず地下水のような形で社会を動かしてきた。その潜行は正に地下水そのもののように深く、広汎に、しかも長期に亘るものであった。

文字と同時に入ってきたと思われるこの陰陽五行説は、文字と同じ様に極めて自然に日本の風土、文化の中に移植された。従ってそこには渡来初期の仏教にみられるようなすさまじい争いや、また大小の仏像造顕や寺院建立にみられるような表立った花々しさはみられない。そうして日本原始信仰に習合されて日本古代呪術となったとき、その隠微な性格を一段と強めたのであった。呪術は表立たないこと、理由《わけ》を一般に知らせぬ秘儀とをその本質とするからである。

その地味な地下水的性格と、難解な呪術性の故に、陰陽五行は日本の宗教・民俗・文化に何ものにもまさる大きな影響を与えながら、今日まで等閑に附されてきたのである。

2 日本原始信仰と陰陽五行説の関係

日本原始信仰

序章でも既述したように古代日本人は、人間の在り様から類推して、神の去来にも人のそれと同じような筋道を想定したと私は考える。

つまり神は一年の折目節目に東方の常世国から西方の人間界に迎えられる神であるが、その際、巫女は神の男根、蛇を象徴する神木と、その木の下の擬似女陰との交歓を媒介し、媒介するばかりでなく神そのものと交合し、神の種を宿し、神を妊《みごも》り、最終段階においては自《みずか》ら神そのものとして顕現《みあれ》する。

従ってあらゆる神事に欠かせないものは神との交合、妊り、神のみあれの三段階であって、この一人三役をこなすものが巫女であったと思われる。

この三段階の中の妊りが、日本神事に絶対かくことの出来ないこもりだったのではなかろうか。

しかし日本の祭りにおけるこもりに対する従来の解釈は、祭祀者が高い木を目印にして降臨される神を待うけ、その神を迎えるのにふさわしい状態になるための厳重な慎しみ、忌《い》み籠《こも》りの期間とされている。

こもりをこの様に解釈すれば祭祀者は神を自身の外に迎えることを意味し、祭祀者は神に奉侍する立場にあるものとなる。

神事におけるこもりを妊りと解すれば祭りの本質は全く違ったものとなる。

巫女は神霊との交合により自らの中に神を懐胎し、妊り、その間にいつか巫女は妊られた神そのものとなる。その神は胎児であるから巫女は胎児の擬《もど》きをすることになる。胎児は飲まず食《くら》わず無為にして盲目、手足を屈して体液の中に泛《うか》んで眠っている。狭く暗黒な母の胎内に屈居する胎児の擬きは、それだけで全く苦しい行《ぎよう》であって、それが深い慎しみと誤解されるようになったのではなかろうか。又は祭祀が男性の支配下におかれたとき、故意にこの妊りを慎しみの期間ということにすりかえてしまったのかもしれない。

いずれにしてもこもりを妊りとすれば、神は祭祀者の外に迎えられる神ではなく、祭祀者の内から外に向って新しく生れ出る神である。

「こもり」を祭祀者における神迎えのための忌み籠りの期間と解釈するか、祭祀者が神を妊る期間ととるか、によって祭りの本質の解釈は全く別方向に袂《たもと》を分つことになる。

神事における「こもり」を妊りとすれば、祭祀者としての有資格者は当然、男ではなく、女ということになろう。

古代信仰形態が今もなお残存する沖縄では、祭事において男性はその主要な部分では悉《ことごと》く拒絶されている。

この事実は恐らく「こもり」が祭祀者における忌みの期間ではなく、神を妊っている期間であることを裏書きするものであろう。

神迎えがこのように人の出生に擬かれ、神との交合・妊り・出産という巫女の一人三役によって果されるとすれば、神送りの神事も人の死に擬《なぞ》らえられ、神迎え同様、石座《いわくら》とか木の下（沖縄ではそこをイビという。本土の神社では禁足地といわれる処）、仮屋などの中における「こもり」が行われたと思われる。神をその本貫に新生させる、つまり送り出すためにである。

以上概観したように神事における「こもり」を妊娠の擬きとして、それを時間にとれば、それは神事の中枢をなす最重要期間であり、それを場処にとれば、神界を象徴する東と、人間界を表わす西との中央にある擬似女陰「穴」、つまり祭場ということになろう。生命のないこの穴に、霊力をもたせ神の種の受胎が可能となるように、この祭場に真正の穴の保有者、巫女をすえたのである。

こうして東から西へ、西から東への神及び人間の去来を中継するものが、中央の「穴」であった。

この中央の穴は、常に時に応じて移動することをその本質とする。

つまり穴の原点はどこまでも真正の女陰・母の胎であるが、この原点は古代日本人の信仰によって拡大解釈された。それが沖縄の御嶽《うたき》のイビであり、本土の神社の禁足地、其の他であることは前述の通りである。

更にこの真正の穴・胎《はら》は想像力によっても又、拡大解釈された。こうして家・村・都・国もまた同一平面上に同心円の形でひろがる擬似母胎として意識されたのである（序章中の世界像の考察参照）。

胎児にとっては母の胎の外へ出ること、つまり誕生が他界への新生を意味するように、家屋の外はその家族にとって他界であり、部落の外はそこに暮らす民にとっての他界、都の外は都に住むものにとっての他界として意識されるのである。

未生の胎児がこもる母の胎が人間の原点であるならば、家屋は家族の原点、村は村人の、首都・大和はそこに住む都人たちの原点であると同時に国家の原点であろう。

原点としてのこの中央の穴の特質は、

1　陰陽交合の場であること。

2　男性の種を入れること。

3　それを新生命として定着させること。

4　胎の外、他界へその新生命を出すこと。

の四つである。この四つを更に要約すれば中央の原点としての穴の本質は結局の処「入れて出す」ということにつきる。

「入れて出す」特質は女陰ばかりではない。男根もまた同様に入り、また同じ処から出てくるものであって、この両者に共通する特質は、日本古代呪術の中に大きく組み込まれ、同時にそれは今日に至るまで民俗習慣の中にその痕跡をふかくとどめているのである（第二章女陰考参照）。

古代国家の首都・大和は前述のように「国のまほろば」と讃《いだ》えうたわれた。それは擬似母胎として、中央の穴として、生きている人々を懐《はぐく》き育み、死者に対しては他界への新生の原点となる穴であった。それだから飛鳥時代の天皇・豪族の柩《ひつぎ》は延々一五キロの道を挽《ひ》かれて、西の二上山の向うに送り出されたのである。山の彼方は他界であり、西の他界に送り出されれば、西に沈む太陽にならって、東の常世に新生出来ると考えられてのことであろう。

その意味で、人間界の西の果の出雲国は、太陽と同じく、東から来て東に帰る神々のための最重要な中央の穴であった。出雲国の向うこそ最も根源的な他界であり、その他界新生のための穴として、出雲国にまさる処は他にはない、と考えられた。

この出雲に最も高貴な女祖先神、伊邪那美神の墓所や、それにまつわるさまざまの伝承があることは偶然ではなかろう。出雲は祖《はは》の国といわれ、神送りの総決算の地ともなっている。

こうして真正の女陰・母の胎を原点として、家屋・村・都というように拡大された中央の「穴」は、出雲をその極限とするのである。

このように中央の穴としての女陰・母の胎は、時と処に応じて、拡大・移動するが、その

「入れて出す」特質は変らず、常にその時と処における原点となり、太極となるものなのである。

日本原始信仰の信仰軸（東・中・西軸）

東方の神界・常世国と西方の人間界をむすぶ東西の軸を、古代信仰軸とすれば、この東と西の二極に、この二極の統一体としての中央の穴を加えた、東・中央・西の三極が、日本古代信仰をもっとも具体的に表現するものとして考えられよう。

この東西軸、又は東・中・西の三極によって表現される日本古代信仰は、その後、文字と共に移入されたと思われる陰陽五行思想に対して、どのような反応を示したろうか。

反応の意味には二つある。

それは日本古代信仰そのものの変改ということと、信仰そのものは変改されず、むしろ外来の思想をその中に習合してしまうということの二つである。

そうして外来の陰陽五行説への日本原始信仰の反応は、その後者であって、外来思想を強力に原始信仰に習合させたのであった。しかもその習合の過程において、時には外来思想の方を多少変改することも行われた。それによって習合を一層容易にさせるためにである。

その結果、原始信仰は複雑化し、哲学的に深められたが、その具体的な現れは信仰軸の多極・多様化であった。

陰陽五行説における北方の重視

太極図説　宋学における周濂渓《しゅうれんけい》の『太極図説《たいきょくずせつ》』は太極を次のように説明している。「無極にして太極なり。太極動きて陽を生ず。動くこと極まりて静。静にして陰を生ず。静なること極まりて復《また》動く。一動一静、互いにその根となる。陰に分れ、陽に分れて、両儀立つ。陽変じ陰合して、水・火・木・金・土を生ず。五気順布して、四時行わる。五行は一陰陽なり。陰陽は一太極なり。太極は本《もと》無極なり。五行の生ずるや、各其性を一にす。無極の真、二五の精、妙合して凝《こ》る。乾道《けんどう》は男を成《な》し、坤道《こんどう》は女を成す。二気交感して、万物化生す。万物生々して変化窮《きわま》りなし。惟《こ》れ人やその秀《しゅう》を得て最も霊《れい》なり。形《かたち》既に生じ、神発《しんはつ》して知る。五性感動して、善悪分れ、万事出づ……」

この説は易の太極・陰陽を、天の気の作用においてとらえたのであるが、いずれにしても、太極から陰陽が発すると同時に、「陰陽は一太極なり」として太極を陰陽の統合体とみなしてもいる。

最高の天神・太一　この太極が神格化され、同時に北極星の神霊となっているのが、最上の天神、太一《たいいつ》である。太極＝太一＝北極星、この三者は同一のものなのである。

九星の筆頭・太一　九星の九宮については前述したが、この九宮には、それぞれ天神が配置されている。

太一はこの九星の第一であって、この太一が一年に一方ずつ、九年間に、東・西・南・北の四正と、東北・東南・西南・西北の四隅の八方位と中央を合わせた九方位を巡行すると規定したものが九星（九気）である。

「太一の九星における居処は次の通りである。

色　　九宮　　方位　　神名

一白――坎宮――北　――太一

（しかし木・火・土・金・水の五行では北方は水気、その色は黒（玄）である）

序いでのことに表にすれば残りの八星とその居処は次の通りである。

色　　九宮　　方位　　神名

二黒――坤宮――西南――摂提
三碧――震宮――東　――軒轅
四緑――巽宮――東南――招揺
五黄――中宮――中央――天符
六白――乾宮――西北――青竜
七赤――兌宮――西　――咸池
八白――艮宮――東北――太陰
九紫――離宮――南　――天一」

（藤田六朗著『五行循環』三八頁、医道の日本社、一九七二年八月二十二日刊）

太一が九宮を廻る最初の年は北の坎宮にいるわけである。なお九宮に六十干支を配し、九と六十の最小公倍数百八十年で宮と干支との配合は初に復する。百八十年は六十年の三倍であるが、これを三元という。六十年を一元とするからである。

3 日本原始信仰と陰陽五行説の習合——信仰軸の多極多様化

日本原始信仰と大陸渡来の陰陽五行思想とは、その発想においても本質においても、異質のものであった。それは先述のこの二者の概要からもうかがわれよう。

それにもかかわらず古代日本人は自分らの信仰にこの異質の外来思想を巧みに習合させた。それは異国趣味の民族性にもよるが、原始信仰の中にその習合を可能にさせるものがあったからである。換言すればこの二者の間に共通するものがあったということである。

その共通する思想とは㈠二元的把握、㈡輪廻の思想、㈢穴（坎）の思想、の三つと考えられる。これら三つの共通点の中、㈠㈡については改めて説明するまでもないことである。問題は㈢の穴（坎）である。

古代日本人がその世界像の中央におき、大元としたものは、くり返しのべたように女陰・

母の胎《はら》である。その中央の穴に相当するものを陰陽五行思想の中に求めれば、それは当然、北の坎宮《かんきゅう》であった。

「坎」はその字の通り穴である。この坎宮に居を占めるものが「太一」であるが、これは北極星及び太極を象徴する神霊である。

北極星は不動であり、この星を廻って北斗七星は一昼夜に一回転するので、北極星は宇宙の大元として意識された。一方、太極はそこから陰陽が分ち出る処、同時に陰陽を統合するものである。

この目に見える北極星と、目に見えない太極との両者を象徴するのが最高の天神「太一神」であって、その太一の居処が坎宮なのである。

日本知識人にとって当時既に女陰・母の胎を原点とする原始信仰は卑俗と感じられていたかも知れない。そうした処に大陸の五行思想に出会ってみると、そこに「穴」と似通っている「坎宮」があった。しかもそれは彼らが大元とした母の胎と同様の意味を多分に含み、深遠な哲理をもち、しかも最高貴の天神の居処でもあった。

彼らにとって中央の穴を北の坎宮に移動し、重ね合せることは大きな魅力であったに違いない。そうして中央の穴はいつしか北の坎宮に習合された（その最も壮大な現実的な表われは近江遷都をはじめとする北方への遷都であろう）。

信仰軸の多極多様化　坎宮は十二支でいえば「子《ね》」である。子の対中は南の「午《うま》」である

原始信仰における主軸

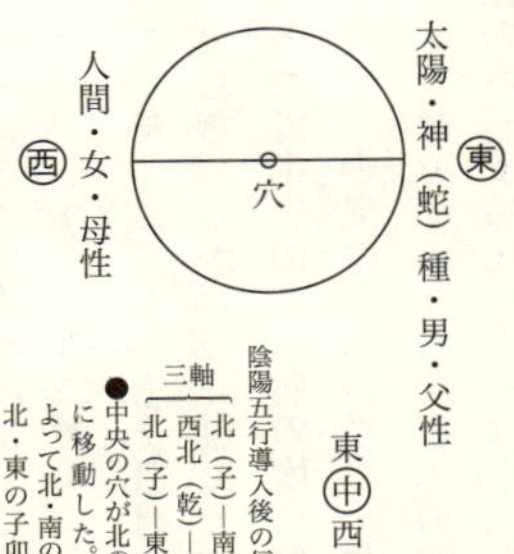

陰陽五行導入後の信仰三軸
北（子）─南（午）
三軸 西北（乾）─東南（巽）
北（子）─東（卯）

●中央の穴が北の（坎宮）に移動した。それによって北・南の子午軸、北・東の子卯軸が生じた。

陰陽五行導入後の信仰三軸

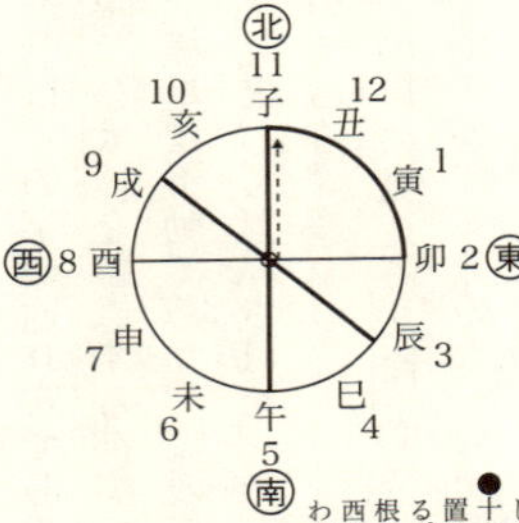

●十二支において蛇の位置は東南（辰巳）である。この蛇はつまり男根である。その対中、西北（亥）は女陰を表わす。

●アラビア数字は「月」をあらわす。つまり「子」は十一月、「卯」は二月、「巳」は四月、「午」は五月、「亥」は十月となる。

第六図

から、子・午軸が新しく信仰軸として登場する。

また十二支においては蛇（巳）の座は東南であるから東南（巽《たつみ》）・西北（乾《いぬい》）軸も生れる。

なお、対中軸ではないが、輪廻を短絡する軸として坎宮の子《ね》と、東の震宮の卯《う》を結ぶ子卯軸が重要な信仰軸となる。

以上三つの軸が陰陽五行導入後、新たに原始信仰の東中西軸に加わることになるが、それらの各軸について考察する（第六図参照）。

子午軸について

東と西が陰陽の関係をもって対照的であったと同様に、この子午軸、つまり南北軸にも陰陽の関係がみられる。

	水	火
星	水星	火星
方位	北	南
色	黒	赤
季節	冬	夏
月	十一月	五月
時間	午後十一時〜午前一時	午前十一時〜午後一時
十干	壬・癸	丙・丁
十二支	子（鼠）	午（馬）
易卦（後天）	坎 ☵	離 ☲
易卦（先天）	坤 ☷	乾 ☰
月に配当された卦象	十一月 ䷗ 一陽来復	五月 ䷫ 天風姤
陰陽	母	父
九星	一白	九紫

第七図　子・午対照表　先天易の卦では北は坤（☷）、南は乾（☰）で、陰陽の関係を表わしている。

そこで先にあげた五行説図表（五七頁）から北の水の項と、南の火の項を取出し、更に項目を細かくして比較対照させよう（第七図参照）。

沖縄には「子《ね》の方《ば》母天《うまて》太《だ》、午《うま》の方《ば》父天《あさて》太《だ》」という言葉がある。子午線は陰陽といっても、母と父を象徴する線、あるいは軸といえよう。

天武朝における子・午軸　しかしこの新しく信仰軸となった南北の子午軸には注意しなければならないことがある[1]。それはこの子午軸には白鳳期、それも天武天皇時代にあるニュアンスが含まれることになったからである。

それはどういうことか。

北の坎宮が十干の壬《みずのえ》で、「妊《みごもり》」を表すことは既にいったことであるが、要するに、

「妊」のある場所は「胎《はら》」である。その胎児は必ず女陰から新生する。北の坎宮がもし胎なら、その下方、つまり南は女陰という意識がもたれたのである。女陰こそ古代信仰の基底にあるもので、「入れて出す」、妊られたものの出ることが古代日本人にはことに重視されたのである。従って胎はその出入口があってはじめて完全な胎なのであって、入れる一方の胎は、胎ではない。そこで北の胎に対する南はその出口、女陰という意識が生れてくる。

女陰は男根の出入する口である。従って南を陽とする五行思想に必ずしも抵触するわけではないが、とにかく南北軸、子午軸は胎と女陰の関係においてとらえられることになり、南北とも女により深いかかわりを持つ軸となるのである。

南に対してそのような意識が芽生えたのは恐らく天武朝であろう。飛鳥時代の天皇・豪族の陵墓が西の二上山の麓に営まれたのに対し、天武・持統・文武三代の陵は皇居又は帝京の真南に構築されている。それは死者を、胎としての北の皇居から、女陰としての南の宮門の外、つまり他界に新生させる呪術である。呪術はいく重にもたたみ込まれるのを特色とする。構築された墓も又その玄室を北とし、入口を南とする。高松塚も恐らくこの白鳳期の築造と推定されているが、壁画女性群像の志向する方向は南である。

天武天皇は重大事に当っては方位では南方、時間では午《うま》を撰用する。天智天皇崩御に際し、身の危険を知って大津京を去り、南の吉野に向ったのは紀元六七一年十月十九日壬午の日であり、翌年冬、皇居を造ったのは岡本宮の南であった。これは前朝の天智帝が真北の大津に遷都し、又同じく天武の後の持統女帝が北の藤原京へ、その後の平城・平安京が悉く北方遷都したのと全く対照的である。

天武天皇の激しい南志向は、「午《うま》」を火、女陰として捉え、その口から東の常世への新生を意図していると思われる。

これは神話において、陰《ほと》を火に灼《や》かれて亡くなった伊邪那美命の遺体（陰《ほと》をもふくめて）から、東方の体象「雷」が誕生し、この雷神が日本本土の東の果の鹿島に奉斎されている事実と思い合わせられるべきである。

天武帝はこうして南行して吉野に至り、そこから東国に入り、神武天皇の故事にならって同じく太陽を背にして東方から近江軍を攻撃している。(2)

それは南の口から東に新生した天皇が、東の常世から西の人間界を志向する神の在り様に自らを重ね合せている姿とも考えられる。

天智天皇に較べて保守的であった天武天皇は、こうして大陸渡来の五行思想をも、原始信仰の篩《ふる》いにかけて取入れたのであった。

それに対し畿外の近江に遷都した天智天皇は、大陸の五行思想をそのまま受け入れ、北を太極として把握した人であった。もちろん彼は原始信仰の中央の「穴」を北に移動した人で、それなりに原始信仰をふまえた北の「坎宮」の把握をした人ではあるが、その北に対して南を女陰と考えるほど国粋主義者ではなかったと思われる。

註

(1) 南北の子午軸は陰陽軸であると同時に、上方の「胎」と下方の口「女陰」の関係を示す軸ともなった。女陰は生誕に関わるが、同時に原始信仰によれば死者を胎児として納め、常世に新生させる口でもある。その女陰とされた南の口は、四神にあてはめれば朱雀《すざく》。つまり赤い鳥である。

沖縄では赤い鳥を不吉として忌み、戸内に入ってきたときには一家をあげて浜辺に出て「坂ねぶり」(浜の下方に頭をおいて足を高くして仰臥することをいう。これは胎児の擬きかもしれない)して一夜を明かし帰宅するという(沖縄、竹富島上勢頭亭《うえせどとおる》氏より筆者聞書き)。

又皇室から霊前への供物には紅白の菓子が用いられる。

赤い鳥・赤い色が死に関わりをもつことは日本独特の五行解釈からおこったことではなかろうか。赤い色は吉凶をとわず「新生」を意味する。それが時代により場所によって、どちらかがより大きな比重を占めて、赤は祝儀の色とも、不祝儀の色ともなるのであろう。

(2) 一般に近江軍との戦闘において天武天皇の軍が、衣に赤い布をつけ、旗さしものに赤色を用いたのは漢の高祖が赤い幟を用いた故事による、という見方がつよいようである。

中国の帝徳は五行の五色によって表わされ、漢は土徳(黄)とも、火徳(赤)ともいわれている。それは前朝の秦が水徳であって、「土剋水」の五行相剋、或いは秦は西伯(西は金)であったから南(南は火)出自の漢が、「火剋金」の同じく相剋で滅ぼしたということも考えられている。そこにいろいろ議論はあるものの、とにかく帝徳は前朝との関連において定まっている。それならばそれがたとえ中国のことではあっても、天武帝が単純に漢の故事にならって赤色、つまり火徳を用いた、というのは余りに安易な解釈ではなかろうか。私はやはり天武天皇の赤色布佩用《はいよう》を火・午・南の撰用に関連して考えたい。

東南・西北（巽・乾）軸について

東南・西北軸が生れたのは都が平城京に移されて後と思われる。というのは大和が政治の中心であった時代——それは東の三輪山が信仰の対象であった時代であるが——祖神の蛇はこの東の三輪山に在《あ》ったからである。つまり現実に蛇の座は三輪山という「東」にあったのである。

しかし都が陰陽五行思想における北方重視の理念によって北へ北へとうつされて三輪山を遠ざかったとき、現実に東の蛇の座は消滅し、代わりに思想の上の、それも十二支における巳《み》、つまり蛇の位置がつよく意識されたのである。

巳（蛇）について　十二支における巳は順位でいうと六番目、その方位は東南、巽である。巽は辰巳、竜蛇であるが、取分け蛇は男根の象徴であり、その意味で恐らく祖先神となり、又種神としての意識から福神となっている。

九気における巽は「四緑木気」である。その体象は、蛇、長、世間、往来、風、斉《ととのう》、入る、到進など。

四緑木気の象徴するものは多分に蛇である。たとえば長いものはいずれも四緑であるが、この中には織物も麵類も皆ふくまれる。祖霊を迎える盆の重要な供物が麵類であることは、祖霊が蛇であることを裏書きする一例ではなかろうか。

	巳（蛇）	亥（猪）
方位	東南	西北
十二支順位	六	十二
事象	極盛	極陰
動物	蛇	猪
性	男根　凸	女陰　凹《クラ》
月	四月	十月

第八図　巳と亥の対中表

話が横にそれたが「入る」ことも四緑木気の特徴である。大気の浸透作用、つまり生体、土、水、樹木、岩石、等一切のものの中に大気が浸透する作用も四緑の特質である。

巳《み》の月は旧四月、それは陽気のもっとも盛んな月で、乾《けん》、☰の卦象であらわされる。

一日に執っても巳の刻は、午前九時から十一時に至るかげりのない明るい時間である。

祭りが祖神、蛇を迎え送るものならば、この巳の月の旧四月も、旧二月の東の常世を表わす卯月とならんで重視されたはずである。

亥について　さて、蛇は穴に入るものである。

その意味でその対中の西北、亥《い》（猪）は当然「穴」「凹《クラ》」として、女陰として意識されたはずである。それは同時に福神の富を収納する倉としても意識された。

西北の風が「アナシ」とよばれるのは恐らく「穴風」の意であろう。

西北は、四神相応地の理想からいえば、高地であり、山地であることが望ましい。従って西北は山として意識される。山は葬所であり、墓であり、擬似母胎であるから、山の神は女とされている。女といっても女陰を意味する女である。

そこで山＝猪＝西北＝女陰は、同一の意味をもつ事柄となる。猪は十二支において十二番目に位《くらい》する。そこで「十二山の神」という名称が成立する。「十二様」又は「十二山の神」はその供物に常に男根を擬く削《けず》り掛《かけ》や、オコゼを要求し、女を嫌い、男の奉仕をよろこぶ神であって、その器量は悪いとされている。恐らくそれは女陰の造型であろうから、器量がいい筈《はず》はない。

更に亥の月、旧十月は極陰の月で、後天易の卦象では前述の巳の月が極陽《きょくよう》の乾《けん》であるのに対し、純坤《じゅんこん》の☷☷を以てあらわされる月である。一日に執っても、亥刻《いのこく》は午後九時から十一時までの時間である。こうしてみてくると、東南（巽《たつみ》）対西北（乾《いぬい》）なのであって、しかもこの軸は多分に性的である。

この軸が基本におかれている伝承が、第二章女陰考でふれる倭建命の最期であると思われる。

子卯軸について

先に五行説図表（五七頁）に従って子午対照表をつくったが、同様に子と卯を対照させると第九図のようになる。

子について　「子《ね》」は五行において、木火土金水の中の「水」に当る。この水気は惑星に

	水	木
星	水星	木星
方位	北	東
色	黒	青
季節	冬	春
月	十一月	二月
時間	午後十一時〜午前一時	午前五時〜午前七時
十干	壬・癸	甲・乙
十二支	子（鼠）	卯（兎）
易卦（後天）	坎 ☵	震 ☳
月に配当された卦象	十一月 ䷗ 一陽来復	二月 ䷡
陰陽	幽	顕
九星（九気）	一白	三碧

第九図　子・卯対照表

あっては水星、方位は北、季節は冬、時間では夜、色彩では黒（玄）、をそれぞれ表わす。

十二支の子は「孳《ふえ》る」で、十干の「壬《じん》・癸《き》」は妊まれたもの、及びそれが揆《はか》られる程の大きさになったことを示す。

九気一白は「太極」を象徴する最高貴の天神、太一の居処であることは先述の通りである。一白の体象は、胎・穴・坎・陰部・流水・連結などであって、卦象では坎、☵、つまり陰中の陽である。

以上が子の意味するものの総和であるが、更にいえば子はこれを人に執《と》れば、妊《みごも》られたもの、つまり胎児を象徴する。胎児は前世と現世の境《さかい》にあるもの、いまだ幽《かく》れているものである。子は時間・季節においてもすべて境の時をさし、昨日と今日を連結するのである。子の本質は幽、未だ現れない事物である。

卯について　「卯」は五行の中では「木」に当る。この木気は惑星にあっては木星、方位は東、季節は春、時間は朝（かくれていた太陽がはじめて地上に顕《あらわ》れる時間）、色彩は青、をそれぞれ表わす。

十二支の卯《う》は「茂る」で、十干の「甲・乙」は種子が厚皮を被っている状態から、それが伸長して形が著明になったことを示す。従って十干・十二支においても卯は顕現を示すのである。

九気の三碧は震・雷・顕現・創始をその体象とする。卦象は☳陽気発動を表わす。

子卯信仰軸　子卯対照表で明らかなように、子《ね》でこもった盲目の新生命の萌芽は、すべて卯《う》の顕現で、著明な形をとって新生する。それは太陽であれ、神であれ、人間であれ、植物であれ、およそ生長と消滅をくり返すものにとって普遍妥当な理であって、生命あるものはすべて「こもっては出、出てはこもる」のである。そうしてこの輪廻を短絡するのが、この子と卯の軸である。

しかも子は水気、卯は木気で、「水生木《すいしょうもく》」の五行の順理にかない、子と卯は互いに相生《そうじょう》の関係にある。

子卯軸は原始信仰における東西軸、或いは前述の子午（南北）軸、戌亥《いぬい》辰巳《たつみ》（西北・東南）軸のような対中ではない。

しかし子と卯の関連は、

○幽から明へ
○萌芽から顕現へ
というものであって、その関係は、
○相対であって関連、関連であって相対
という生命の相を象徴するものである。

子卯軸と祭り月の関係

そうしてこの子卯軸によって示される「幽」と「顕」は、人の生死から類推されている原始信仰における神迎え・神送りをそのまま象徴するのである。祭り月の基本型、旧十一月(子の月)と旧二月(卯の月)の型については第四章で詳述するが、それはこの子卯軸から生み出されたものと私は考える。

子卯軸は陰陽五行思想を習合した日本原始信仰が、幽と顕の哲理をその中に確立し、新しく体系をととのえ、いわば新装なった姿を示しているものといえよう。

子卯軸の確立は恐らく天智朝であり、その後に子午軸、ずっと遅れて西北・東南の乾《いぬい》・巽《たつみ》軸が現れたと思われる。

第二章　女陰考——呪術における女陰

1　神話・伝承における女陰

日本神話の中で女陰に関し印象的な箇処が三つある。その第一は伊邪那美命が、多くの国土や神々を生んだあと、火の神を産んで陰《ほと》を灼《や》かれ亡くなったという処。この話をきっかけに神話は大きな展開をする。第二は須佐之男命の暴力に驚き、天照大神の織女（『書紀』の別伝によれば大神の妹、又は大神自身）が陰を梭《おさ》で衝《つ》いて亡くなり、それが因《もと》で大神が岩戸がくれするという条《くだり》。第三は天孫降臨に際し、その行手を阻《はば》む猿田《さるた》彦《ひこ》に対し、天鈿女《あめのうずめ》がその交渉に当り、その際、陰を露《あらわ》して嘲笑《あざわら》い、これを降した、という話。これらの三つである。

この他、陰を衝いて死ぬ、ということは、「箸墓《はしはか》」の伝承にもある。

『書紀』崇《す》神《じん》紀によると、大物主神《おおものぬしのかみ》がその妻、倭迹々《やまととと》日《ひ》百襲《ももそ》姫に蛇の正体を見られ、それを恥じて三輪山に帰ってしまった。そこで、

「倭迹々姫命、仰見而悔之急居。則箸撞レ陰而薨。乃葬二於大市一。故時人号二其墓一謂二箸墓一也」

つまり姫は蛇体の夫をみて驚き啼《な》いたために、夫の大神を恥じ怒らせた。神は大空を踏んで三輪山に帰ってしまったのである。その姿を仰ぎ、悔いて急に坐った、そうして箸で陰を撞《つ》いて亡くなった、というのである。

また天鈿女の陰の露出は、猿田彦に出会った時だけでなく、天照大神の岩戸がくれの場合の踊りにもみられる。

日本神話において女陰は常に大きな役割を持ち、話の筋はその故障とか呪力を契機として新たな展開を見せるのである。

何故日本神話の主役中の主役である伊邪那美命、天照大神二女神の死因がその陰《ほと》の損傷であり、又一方、女陰の露出が敵を降す原動力とか、岩戸がくれの場合のような最も困難な局面打開に貢献することになっているのか。

しかもこうした話は本土の神話の中だけではなく、沖縄にも女陰について次のような伝説がある。

「首里《しゆり》の鬼の話

昔、首里の金城というところに人を喰う鬼がいる、といううわさが立った。その妹がもしやと思って兄の留守に行ってみると、鍋に人肉が煮えていた。これは本当だと思い、普通の餅と、鉄でつくった餅をもって出かけてゆき、普通の餅を鬼の前で食べてみせると同時に、陰部を出してみせた。鬼がその下の口は何にする口か、ときくと妹は即座に、

『上の口は餅を喰う口、下の口は鬼を喰う口』

と答えた。これをきいて鬼は驚いて崖から下へころげ落ちて死んだ」

沖縄では冬十二月の行事として家ごとに蒲葵《びろう》の葉や、月桃《さんにん》の葉でくるんだ「鬼餅《うにむち》」を拵《こしら》えるが、この伝説はその行事の起源譚となっている。

この他にも沖縄には、「火開《ほうはい》、々々《ほうはい》」（又は火排《ほうはい》、々々《ほうはい》）といって火に向って女陰を見せると火が鎮まる、という呪《まじな》いがある。本土でも火事のときには女の腰巻を火に向いて振るのがいい、ということになっている。これは多分本物《ほんもの》の代りを腰巻がつとめるのであろう。

女陰のもつ呪力を信じた古代人の心は以上のように、本土、沖縄をとわずその神話、伝説、風習のなかに散見されるのである。

伊波普猷《いはふゆう》は『琉球古代の裸舞―うちはれの遊び―』（伊波普猷選集中巻）において、女陰について重要な言及をしている。

「『女官御双紙』その他の文献をひもとくと、この役には、久米島の神職の頭の君南風《きみはえ》が従軍してゐるが、当時の人は、この時戦争に勝つたのは、彼女の奇計と呪詛が与つて力があると信じてゐたのである。『球陽』を見ると、アカパチ・ポンカハラは、大海に面して陣を布いてゐたが、手々にたぐさを持つた巫女が数十人、陣頭に立つて、天に号し地に叫び、一生懸命に呪詛した、といふことである。そしてこれらの巫女等は、官軍が上陸して肉迫しても、一向畏れる気配もなかつたといふことである。

かうして、彼等は戦闘を開始する前に、双方共魔術を闘《たたか》はしてゐるが、琉球の俚諺《りげん》に、Winagō, ikusa nu sachibayi（女は戦の魁《さきがけ》）とある通り、女子に戦の魁をさせたのは、当時南島全体の風習であつたと思はれる。これは猿田彦神が天八街《あまのやちまた》に立塞《たちふさが》つて、天孫民族の前進を阻止した時、天鈿女《あめのうずめ》が陰《ほと》を露《あら》はして、笑嘘《あざわら》ひつゝ向ひ立つたのと比較すると面白いのである。八重山の巫女等が陰を露はしてゐたことは判然《はつきり》しないが、彼女等は多分さういつたやうな風をしてゐたであらう。

記紀を見ると、天鈿女は、天の岩戸で舞うた時にも、やはり陰を露はしてゐるが、これを胸乳を露はし裳帯を臍下《ほと》に抑垂れて、といつたやうにしたのは、支那思想の影響を受けた著者が、故更に婉曲にしたのであつて、彼女は或は裸体になつてゐたのかも知れぬ。……」

以上長い引用となったが、伊波普猷は沖縄の正史にみえる陣頭巫女の記録を、記紀の猿田彦に対する天鈿女の陰部露出神話と、女は戦の先がけ、という沖縄の俚諺に照し、恐らく陣頭にたった沖縄の巫女もそのようにしたであろうと推測し、同時にこの女陰露出が敵を降す上に何らかの効果があると、古代には信ぜられていた、ということを暗にいっているようである。

こうした本土の神話とか、沖縄の伝承・伝説の中にみられる「女陰」の在り様、又はその扱われ方、それは他のものの蔭にかくれて、これまで決して正面切って問題にされず、重視されなかったのであるが、実は古代日本人のものの考え方を解く最も重要な鍵が、ここに潜んでいるのではないか。それを解くことが古代解明の重要な一翼を担うことになるのではなかろうか。

この章はこのような意図の下にすすめられた考察である。その考察は時に余りにも猥褻《わいせつ》であるかもしれない。しかし古代を考えるときに今の心での推理は、道をあやまることになろう。私はあえて単純素朴な古代人の心、現代の表現に従えばいわゆる原点に立返って、推理を進めることにする。

2　信仰の対象としての女陰

はじめに

日本の神話・伝承の中における女陰の扱われ方には二つの大事なポイントがある。

①女陰の損傷がもっとも尊貴な女神達の死因となっていること。

②女陰露出、つまりそれを相手にみせることが重大な非常時に行われること。

以上の二点である。

①から推測されることは女陰が古代信仰の対象であったこと。②から窺《うかが》われることは、その露出が信仰にもとづく呪術であったろうということである。

しかしこの信仰と呪術の二者は入り交っていて、信仰から呪術が生れ、呪術が又、信仰にまでたかめられるのであって截然《せつぜん》とは区別しがたいが、しかもなお呪術は呪術であって、信仰と区別されなければならない面も多く潜めていると思われる。

しかし一応切り離せるものとして①の女陰の損傷が女神達の死因となっていること、つまりそれは女陰が古代信仰の対象となっていることを裏書きするものであることの考察からはじめよう。

女陰の損傷が主要女神達の死の直接原因となっているということは、つまり女陰こそ女を女たらしめているものであって、そこを失うことは女としての全存在を失うこと、つまり死であると考えられていたことを意味する。女を象徴するものは心臓でも脳でもないから、心臓麻痺《まひ》や脳卒中は女神達の死因とはならないのである。女陰は生命創造のいわば大元＝根源であって、この観点からすれば、種を提供する男根より、より強烈な信仰の対象となりうるのである。

生命創造は科学の進んだ現代でもまだ極めつくせない謎であり、驚異であるが、古代においてはその思いは更に深刻だった筈である。

また過疎の社会には生命の創造は何よりも待望《まちのぞ》まれることであったろうし、一方、限りある処に殖《ふ》えすぎることはこれ又脅威であったに違いない。生命創造という現象に対しては、それが待望される場合にも、それが脅威となる場合にも、いずれにしろ畏怖がつきまとったに違いない。そこで降雨や日照と同様に、程のよさが常に求められたと思われるが、こうしたことがすべて生命をもたらす女陰に対して、男根より一層深い祈りがこめられる原因になったと推測される。

話を元に戻そう。人間の生命創造の元である故に、女陰がひたむきな祈求・信仰の対象となったと考察したが、抽象的思考を苦手とした古代日本人は、神の顕現も又、人間の生誕から類推して考えたと思われる。従って人間を生み出す女陰は神を生み出す処でもあった。

女陰は彼らの意識の中で次第にふくれ育ち、人の元であるばかりか、国土を生む元、神々を生む元となり、その形に似る山、岩、石、洞穴などの自然物がその信仰の対象となる。凹《くぼ》んだ石が「イワクラ」として神の顕現の場となり、又菱型《ひしがた》の岩がご神体とか磐境《いわさか》とされるのはその例である。「イワクラ」は古代人の意識の中に拡大された女陰、つまり陰石と考えるが、それは項を別に「クラ考」として後述する。また正月の歳神迎え、トンド焼、供餅に多出する菱型が何を意味するものかは、なお解明されていないが、これもまた信仰の対象とされた女陰の造型であると解釈し、別項の「菱型考」において後述する。

以上は信仰の対象としての女陰の概略であるが、それは①の主女神達の死因が女陰損傷に因《よ》っていることから導き出された考察である。

②の「女陰露出」はそれに対して古代日本の呪術における女陰、又は呪物としての女陰がその背景になっていると思われる。

3　呪術と女陰——呪物としての女陰

「入れて、出す」呪力

女陰の作用は一言にいって、それに尽きる。この作用をもう少しくわしく考えると、

①男根を入れて、出す。（性交）

②子種を入れて、新生命を生み出す。（出産）

という二種類がある。この②の「新生命創造」つまり「出産」が前述のように女陰を信仰の対象にまで昇華させるのである。

しかし女陰が神話・伝承の中で語られている様子をみれば、女陰は決してその生命創造の故だけで重んぜられているのではない。

女陰の「入れて出す」という重要な作用——それは性交・出産に共通の作用であるが、——それが神話の中で大きく扱われ、その作用の故に、つまりその入ったものを出す力の故に、女陰は重要な呪物となっているのである。

㈠「天宇受売命《あめのうずめのみこと》、天の香山《かぐやま》の天の日影を手次《たすき》に繋《か》けて、天の真拆《まさき》を縵《かずら》と為《し》て、天の香山の小竹葉《ささば》を手草《たぐさ》に結《ゆ》ひて、天の石屋戸《いわやど》に汗気《うけ》伏せて踏《ふ》みとどろこし、神懸《かむがか》り為《し》て、胸乳《むなち》を掛《か》き

出で裳緒《もひも》を番登《ほと》に忍《お》し垂れき。ここに高天の原動《とよ》みて、八百万の神共に咲《わら》ひき」（『古事記』上巻）

㈡「時に八十万《やそよろず》の神あれども、皆目勝《まか》ちて相問《と》ふることを得ざりければ、特に天の鈿女《うずめ》に勅したまはく、『汝は人に目勝《まか》つ者《かみ》なり。宜《うべ》往きて問はせ』とのたまふ。天の鈿女、その胸乳を露にかきたて、裳帯《もひも》を臍《ほぞ》の下に抑《おした》り、笑噱《あざわら》ひて向き立つ」（『書紀』巻第二）

以上はそれぞれ『古事記』と『書紀』に記載された天鈿女命にかんする記事である。余りにも有名な条で、その前後関係をここに述べる必要はなかろう。

この二場面に共通する天鈿女の所作はむろんその陰部露出であるが、この場面に共通する事情を考えると、

①天照大神の岩戸がくれによって、この世に光がなくなったということ。

②天孫降臨の行手を防ぐ大敵の出現ということ。

であって共に一つの社会における非常事態という共通性がある。しかしこの二者間にはもっと本質的な共通性があるが、それに触れる前に、この二場面の状況をみよう。

まず①の天岩戸がくれの場であるが、これは前述のようにいわば一つの社会にとって危急存亡のときで、そういう場合、いかに策略とはいえ、裸踊りという今でいえばストリップをして男の感情をくすぐるような演技がゆるされるはずはない。恐らくこれは『古事記』撰上

の時点における古伝承の脚色であって、天照大神の岩戸がくれと天鈿女の陰部露出との間には、これとは違った呪術関係が、より古い伝承には存在したと思うのである。

別の呪術関係とは何か。

天照大神の岩戸がくれは、その怒りによる岩戸ごもりであり、この太陽神を再び元の世界に戻すことが、何よりの緊急課題であったのである。或いはこの大神の岩戸がくれを、大神の死と受取るならば、大神を常世国に新しく生れ出させるための呪術が必要とされた、という場合なのである。

いずれにしても岩戸がくれの場の背後にあるものは「一度《ひとた》びかくれ入ったものを再び出すこと」の絶対緊急必要性である。

②の天孫降臨に際して天鈿女命の陰部露出の背景にあるものは何か。それは天孫降臨の予定された進路を阻《はば》む強敵の出現ということである。

一体、敵とはどういうものかというと、いろいろの場合があろうが、先ず普通考えられるものは自分の領分を冒すもののことである。天孫降臨の場合、これから自分のものと約束されている地上に向うわけであるが、その行く手に入り込んできて道をふさぎ、せきとめている妨害者があった。それはこの一行にとって明らかに敵である。入り込んできている妨害者、つまり敵に対処するためには、敵が入り込んできている分丈、押し出して、正常の状態にする必要がある。簡単にいえば邪魔者の押し戻しである。

この場面の背後にあるものは「一度び入ってきているものを、再び押し出すこと」の緊急必要性である。

この意味で①の岩戸がくれと、②の天孫降臨途上の出来事とは、天孫族にとって、同じ条件を備えた同じ性質の緊急事態だったということになる。①②に共通する同じ性質の緊急事態とは「入ったものを、早急に出さねばならない」ということである。

同一事態に対処する呪術は、同一のはずである。そこで「入ったものを出す」ための同一の呪術が当然この①②の場面に共通して顔を出してくるに違いない。

それが天鈿女の陰部露出ではなかったろうか。

「入れて出す」、又は「入ったものを出す」のが女陰本来の特質である。その入れたもの、又は入ったものは、それが招かれた客であろうと、招かれざる客であろうと、入ったものという点では変りないものであるが、それに対して女陰はやはり同一に押し出すのである。この点、入るときはともかく「出されてゆく」男根の消極的な出方に較べ、女陰の力は積極的であって、この「出す」呪力の故に、出すための呪物となりうるのである。

しかし女陰のその「押出す力」が最高に発揮される場合はむろん出産である。しかもそこには新生命の創造ということさえある。

こうした女陰の力が古代人によって見逃される筈はない。こうして女陰は「入ったものを出す」緊急必要な時点において、常にその力を買われて、最高の呪物となり、その露出は至上の呪術となった、と思われる。

先に述べたように、沖縄では「女は戦の魁け《さきが》」という言葉があり、古く女が戦陣の先頭にたったということも、この入ったものを出す力が、呪力に昇華されたからであろう。

これを単に「女のもつ霊力《せじ》」という解釈で片づけてはならないだろう。古代人の呪術においては、その用いられる呪物にすべて生々しい現実の裏付けがある筈である。彼らがそれを呪力として使う上には、当然それが彼らの納得のゆくものであり、ことでなければならなかったのである。

「首里の鬼の話」も女陰をみた鬼が崖から落ちてしまった、という点に注意すべきである。首里に崖が多いのも事実ではあるが、崖から転り落ちるほど女陰の押出す力がつよいということなのである。

火事の時、火に向って女陰をみせたり、腰巻をふると火勢が衰える、というのも、この押出す力によっているかと思われる。しかし火は火吹竹（竿《そう》、男根の意）をみせると威勢よくもえ上り、女陰をみせると同性故に機嫌を損ねてくすぶるという俗信もあるから、火事の際のこの呪術は、この二つの中のどちらにより多くよりかかっているのか、はっきりとは判らない。

家・村・都の入口

古代日本人は女の胎《はら》と陰《ほと》をその意識の中に次第に拡大し、その擬似物として家を考え、村・都を考え、国土そのものをさえ、それに当てはめて考えるようになった。その考察は序章で試みたのでここにはくり返さない。

家や村・都が擬似母胎として彼らの目に映るようになったのはその信仰からであるが、一つには「入れて出す」という母の胎・女陰の本質からの連想に関わっていると思われる。つまり人は生れてその家の子として家にこもり、又出てゆく、人を出入りさせる家屋は擬似母胎、その出入口は擬似女陰として意識されたであろう。

その意識は家屋から更に拡大して、村や都も又、母胎になぞらえられ、その入口は擬似女陰として考えられるようになる。

家にこもる人は家という擬似母胎の中に巣ごもっているのであり、村の中にある限り、人は村という擬似母胎の中の胎児である。都をとりまく山々は、倭《やまと》という擬似母胎を形成するが、その擬似母胎は要するに「まほろば」とうたわれた洞《ほら》であり、穴であった。ハラ、ホラ、といわれる擬似母胎が、家、村、都、と拡大されてゆくに従い、家の子、村人、都の民として、それらの擬似母胎をそれぞれ自分の巣としてこもっている人々にとって、家の外、村の外、都の外は、それぞれ他界として意識されたはずである。

他界から来るものには神もあれば又、虫害、流行病、盗人などいろいろ禍《わざわい》の因となるものもある。こうなると擬似女陰としての家、村、都の各入口の呪術的役目は頗《すこぶ》る重く、おろそかに出来なくなってくる。そうした村の入口、村の境には陰陽交合を示して立つ性神、道祖神が不断に立っているが、それらの性神たちには二つの意味がこめられていると思われる。

①女陰の「入れる」作用を促すものとしての性神であって、この場合の性神は、神・福を村に招き入れるものである。

②女陰の「出す」作用を促がすものとしての性神であって、この場合の性神は、村人に禍をもたらすものすべてを追い出すものである。

そうして①にしても②にしても、このような性神の作用《はたらき》はすべて村の入口が女陰であることを前提として、はじめて可能なのである。

村の入口や境に立てられる性神についての従来の解釈は、その卑猥な所作によって村に入ろうとする悪神をまず顰蹙《ひんしゅく》させ、それによって退却させてしまう、ということのようである。

しかしそれは性を醜いものとして扱うようになった今の心での解釈であって、性を忌避しなかった昔の日本人が、重要な村の入口にそのような意識で性神をおいたとは考えられないのである。

都の入口の場合　陰陽五行では、第一章で記述のように北方が陰で水気、その象徴するものは坎《あな》、胎《はら》、十二支では子《ね》である。その対中の南方は陽で火気、十二支では午《うま》で、すべての点で北と南は対立する。処がこの陰陽五行が導入されて、日本原始信仰に習合されると、これに反するような現象がおこる。つまり原始信仰では母の胎があれば必ずそれに附随して女陰を考える。原始信仰では母の胎は中央におかれていた。処が陰陽五行が入ると胎は北方へ移行し、そのために女陰は反対の南方に下がる。南は本来、陽の気をもつ処であるが、陰陽五行も日本に来て原始信仰に習合すると、北の胎に対する南の女陰となって、南北共に女に関する方位となる。又もう一つ、南が五行では陽でありながら、原始信仰に習合されると陰に転化させられる要因がある。それは南の火気が火処《ほと》として女陰になりうるからである。

この二つの理由によって、本来、陽の座である南が、陰の座になったと思われる。

女陰は人の生の出入口であると同時に、死の出入口でもある。そこで原始信仰の時代には西あるいは東に葬られていた死者は、陰陽五行が導入され、その最盛期の天武朝には南に向って葬られることになり、墓の向きも南向きとなる。天武・持統陵、文武陵、高松塚もすべて南向きである。有名な石舞台も真南に口を開いているから恐らくこの時代の陵墓であろう。

そうしてこの時代、皇居も天皇の住まう処、「太極」「胎」として北にあり、それに対してその出入口として女陰、正門は朱雀《すざく》とよばれて、真南にあった。

平城京及び平安京の都の入口、つまり都の正門である羅城《らじょう》門は皇居の正門である朱雀門から真南の線上にあった。この羅城門、又は羅生門は「らいせい門」ともいわれ、平城・平安両京共、この門の所在地の地名は「来世」といった（武田政一『世界大百科事典』第二十二巻、平凡社刊）。それはつまりこの出入口が北の胎に対する女陰であり、この門の外は他界であるという観念によるものであろう。

なお南は易において北の坎宮に対して離宮であり、離れるという意味もある。死者は南の口からこの世を離れて東の常世に回帰するのである。

4　倭建命伝承と女の力

記紀に活躍する人物の中で倭建命《やまとたけるのみこと》ほど魅力のある英雄はいない。その生立《おいた》ちが高貴で若く美しく、境遇は常に悲劇に満ちていて、物語の主人公としての条件はすべて備えている。ことに『古事記』の記事は叙述が人間的で、叙事詩の趣きがある。

倭建命の物語は表面このように美しいが、その背後には、この物語が収録された時代よりはるかに遠くさかのぼった頃の古代日本を動かしていた大きな力が潜んでいて、それが物語の随所に顔をのぞかせているのではなかろうか。その力とは、この章の主題、女の力である。

倭建命の物語は、この英雄が常に女の力に護られて敵に勝ち、危難を逃れ、或いは女の犠牲によって海を渡り、戦を進めて、そうしてついには女の力によって滅ぼされる、この一連の物語りであるように思われる。

オナリ神

日本古代信仰の中にオナリ神がある。オナリ神は沖縄の信仰の中に今も生きているが、これは女の姉妹が男の兄弟に対して守護神の立場をとるものである。同時に男の兄弟は女の姉妹にエケリ神となるが、その霊力はオナリ神に到底及ばない。遠く旅立つ場合、男はオナリとしてのその姉妹から手サジ（手拭《てぬぐ》い）などを贈られる。それが一種のお守りの役目をするからである。

さて、倭建命はその第一回の西国征討、第二回の東国遠征に際してその都度、姨《おば》の倭姫《やまとひめの》命《みこと》を伊勢に訪ねて、何かと贈物を授かっている。

一回目は倭姫命の衣裳《いしょう》、二回目は草薙剣と火打石の入った袋である。

倭建命はこの倭姫から贈られた衣裳を着、女に化けて熊曾《くまそ》を討っている。

次に相模の野で敵の謀略にかかって危うく焼き殺されそうになったとき、姨の言葉を思い出し、まず刀で草を伐りはらい、次に袋の口を開いて火打石を取出し、向火《むかいび》をつけて反《かえ》って殺そうとした敵を滅ぼしている。

いずれの場合にも倭姫の贈物が、倭建命の危急を救い、仕事を助けているのである。倭姫は倭建命のオナリ神ではなかったろうか。

それではオナリ神は何故これほどの呪力をもっているのだろう。

オナリはエケリにその霊力においてはるかにまさるという。その霊力のよって来たる処のものは正しくその「性」にあろう。性とは女の場合その胎《はら》であり、陰《ほと》である。オナリ神の呪力がその性にある、とすれば、やはり女陰の「入れて出す」或いは「挑《いど》み立ちはだかってくるものを萎《な》えさせる」力がその呪力の元と考えられていた筈である。オナリとしての倭姫の衣裳は恐らくそうした女の性のもつ力をその中に潜めており、それによって倭建命は強敵を仆《たお》し得たのである。

熊曾は女装した倭建命の容色に魅《ひ》かれ、命に近づく、それを十分にひきよせて一刀の下に熊曾を刺す。勝利の契機をつくったものは倭建命の身についていた女の力である。

『古事記伝』には「此比売命の御衣御裳をしも、請し賜はり賜ふ所以は、倭比売命は、伊勢大神の御杖代に坐せば、其御威御霊を仮賜はむの御心なりけむかし」といっているが、次の火打石の袋と共に、これらは天鈿女命の陰《ほと》露出の呪術とその根を一つにするものと思われ、『古事記伝』の説には私は従えないのである。

第二回の東征の際、倭姫から倭建命に贈られたその火打石の入った袋であるが、その火といい、袋といい、恐らく女陰の象徴であろう。又剣は男のものであるから、つまり陰陽物が呪物として贈られたことになり、この男根の攻撃力と、女陰の押出す力の相乗作用によって倭建命は形勢を逆転させ勝利を得たわけである。

倭姫はオナリの神としてこの英雄の背後に常にある。しかしその呪力も実は呪物あってのもので、倭建命がオナリ神親授のその呪物を身から離したとき、更に大きな女陰の霊力にぶつかって、その生命を吸い取られてしまう。その古代思想を物語るものが、伊吹山における倭建命の最後ではなかろうか。

倭建命の最後——山の神の呪力

倭建命の最後は英雄の死というには余りに脆《もろ》くはかないが、それは連戦連勝の揚句に疲れ果てた英雄の姿ともうけとられ、それ故に一層いたましく悲しい悲壮感をただよわせている。しかしこの美しい叙事詩も仔細に検討すれば、ここに潜められているものは古代日本人の女陰に対する畏怖なのである。

検討の順としてまず『古事記』の記事に従ってこの話の筋を辿ろう。

伊吹山の神を素手でとろうとして、倭建命は倭姫親授の神剣、草薙剣を美夜受《みやず》姫の許において、山の神退治に赴く。山に登ると途中で巨大な白猪にあう。この白猪こそ山の神であったのに、命はそれを知らず、これは山の神の使者であろう、帰りに殺せば十分であるとみて見逃す。山の神は大氷雨《おおひさめ》をふらせて、命を惑わす。命は足なえとなって気も衰え、美濃・養老・伊勢桑名をへて、鈴鹿で崩じる。以上がその概要である。

そこで重要な点をひろうと、

①倭建命は守護神とみられる倭姫親授の神剣を美夜受姫の許においたまま、素手で尾張から西北に当る伊吹山の神を退治に出かけた。

②山の神は命に対し直接何の危害も加えてはいない。只、自分の山に入ってきたものに対し、大氷雨をふらせ、まどわせ、精気を抜いて、退散させたに過ぎない。

③その死因は精神朦朧《もうろう》、及び足なえである。

④倭建命の東征は、伊勢・尾張にはじまっているが、その最後も大体伊勢・尾張であるということになる。

考察　伊吹山は尾張からは西北・乾《いぬい》（戌亥・犬猪）の方に当る。

西北《いぬい》といっても亥《い》に近く、北方よりである。そこでこの亥の方を、十干・十二支・九気によってみると次の通りになる。

十二支　亥（猪）

十干　壬《みずのえ》（水《みず》の兄《え》）

九気　六白（六白の象徴するものは太始・妊・高山）

十二支における亥（猪）は子《ね》・丑《うし》・寅《とら》と数えると最後の十二番目であって、六番目の巳《み》（蛇）の対中である。蛇は剣と共に男根の象徴とされる。男根の向う処は女陰である。従って六番目の蛇の対中の十二番目の猪は、「十二山の神」といわれ、女性、それも女陰を象徴する。山の神はふるくは蛇であるが（『書紀』のこの場合の山の神は蛇となっている）陰陽五行導入後は猪となったと思われる。それは九気において西北は山を象徴し、十二支でこの西北を占めるものが猪だからである。そうしてこの西北は六白であるから色は白。山の神、白猪はここから生れたものであろう。女陰は水をその特色とする。西北は十干で壬《みずのえ》であって、水を象徴する方位である。

山の神・白猪は女陰の象徴で、その神は水を武器とし、つまり氷雨を降らせて、素手で山に入り込んできた倭建命の精気を抜く。山の神は命に対して何の暴力も振るってはいない。只姿をみせたことと、氷雨を降らせただけである。それだけのことでどうしてこれ程の英雄がフラフラになってしまったのか。

倭建命はオナリ神の倭姫から授った神剣をおいて来てしまっている。もしその神剣があれば、それは女から授ったものであり、しかも強い呪力をもった男根の象徴であるから、山の神の「入れて出す」呪力に十分に対抗出来た筈である。神剣には男女両性の呪力があったに相違ない。倭建命は呪力の庇護《ひご》のない只の男として、一方的に、強大な女陰としての山の神の呪力に精気を吸いとられ、消耗し切って、萎え果ててしまう。足なえは恐らく男根の萎えの暗喩であろう。

男根の動きの特色はその入った同じ処から出てくることである。

伊吹山が巨大な女陰の象徴ならば、倭建命は一個の男根の象徴であろう。

倭建命が山の神から吐き出されて足なえとなり、消耗の果に生命を失った処は伊勢の鈴鹿であるが、それは此度の東国遠征の往路と同じ伊勢路だったのである。

こうしてみてくるといわば男の中の男、一世の英雄、倭建命ではあるが、その彼を背後から支えているものはそのオナリ神の力、女の呪力であって、その女の呪力の保護を失ったときは、さしもの英雄も最早、英雄ではなく、より強力な女陰の呪力の前にくずおれる存在にしか過ぎなかったのである。

戦《いくさ》とは時に女陰の呪力較べであって、その呪力に、より一層つよく支えられているものが勝つのである。前にも述べたように「女は戦の魁《さきが》け」といって戦陣の先頭に互いに女を立てて、呪詛《じゆそ》しあい、雌雄を決したと思われる古代日本の戦の在《あ》り様《よう》が、このことから推測される。猿田彦に向って前を露《あら》わにし、その女陰の呪力、「入れて出す」力によって天鈿女も敵を降したのであった。

伊吹山の神という巨大な女陰の呪力に対抗し得るものは、同じ女陰の持主である倭建命のオナリ神、倭姫親授の神剣でしかなかった。それを身に附けて行かなかったのがこの英雄の運の尽きだったのである。

倭建命の物語りは底知れない女陰の呪力に負け、生命を失ってゆく英雄の姿を描き出す。この物語りは、女陰の呪力を信ずるなどという今日の我々からみれば全く途方もない感覚の持主である古代人の中に生れ、結実した伝承なのに、なおすぐれた叙事詩として、その英雄の悲しみ、傷ましさは私どもにも迫ってくる。それは呪術が芸術にまで高められているからであろうが、他ならぬこの呪術の芸術にまで高められているそのことが、今日まで日本人自身その古代を理解出来なかった原因となっていたのではなかろうか。

もしこの伝承が卑猥な女陰信仰で終っていたならば、古代日本人の意識の底にあるものを後代の日本人はもっと早く気附いていた筈である。しかし古代日本人が余りにすぐれた芸術家であったために、この伝承の背後に潜む呪術についに人は気がつかなかった。この伝承のもつ詩情に酔わされてしまっていたのである。そうしてこの物語りの詩情は死後、白鳥となって天駈《あまが》ける倭建命の魂の描写で最高潮に達し、余韻を残して終るのである。

天翔る白鳥

臨終近い倭建命はふるさとの大和をなつかしみ、望郷の思いにとざされながら能煩野《のぼの》で死に、その地に葬られる。しかし魂はその陵に鎮《しず》まろうとせず白鳥と化《な》って飛び立つ。そうして河内《かわち》の志幾《しき》に至るが、そこに作られた陵からも又、飛立って、ついに天際に消え去ってしまうのである。

これは『古事記』の伝承で『書紀』のそれとは多少異ってはいるが、大筋は略《ほぼ》同じで、倭建命の魂は白鳥と化して、西へ西へと飛去ったことを共に記している。

沖縄では今もなお白い鳥をオナリ神の象徴としている。それは古代日本でも同じことだったと思われるが、多分それは原始信仰に、十干十二支が習合されてから以後の考え、或いは信仰であろう。

序章でも述べたように、原始信仰において「西」は女・死の方位であるが、十二支における「西」は「酉《とり》」（鳥）、四神における「西」は「白虎《びやっこ》」、五行における「西」は「金」でその色は「白」である。これらを組合せてゆくと、白鳥は西・女・死をあらわし、それ故にオナリ神の象徴たり得ていると思われる。

西へ沈んだ太陽が翌朝は再び東から上るように、西へ西へとゆくことは結局、東の常世に再生することになる。倭建命はオナリ神に導かれて永遠の常世に再生するのである。それはこの哀れにも美しい英雄の死を惜しみ、常世に再生させなければ気のすまない人々の心がそうさせるのであって、西へ西へと天翔る白鳥の姿の中に、民族の英雄はいつまでも生きつづけている。

倭建命伝承の中にはこうして最初から最後までオナリ神の影が揺曳《ようえい》し、同時に女陰のもつ呪力への畏怖をつよくその底に潜めている。こうしたことはすべて記紀撰上の時代というものの意義を私どもに考えなおさせるものではなかろうか。

それは原始信仰に大陸からの陰陽五行が習合され定着した時代、古代呪術が忘れ去られることなく、しかもそれが芸術にまで高められた時代、と考えていいのではなかろうか。

附記

倭姫命が倭建命に贈った「火打石と袋」は「入れて出す」女陰の呪力によって野原につけられた火を押ししりぞけ、倭建命の生命を助けた、という話であると解釈される。

この伝承のはるかな子孫に当るものが次の話ではなかろうか。

『母親の記念の皮巾着』

「ある処に貧乏な婆さんと息子がいた。息子は村の長者の家に奉公していたが、非常に母親孝行だった。この母親がその臨終の時、息子を枕許によんで、『お前には大そう世話になったが、何一つやるものとてはない。だが父っ様以外には誰にも見せたことがないもので、一生のあいだ後生大事にしてきたものがある。これはお前の生れた所でもあるから、これを母親だと思ってとっておいてくれ』と醜いものを息子にのこし、死んだ。孝行息子は親の遺品《かたみ》と思って大切にし、陰干にして居炉裏の上の火棚に吊しておいた。その中思いついて、それで熊の皮のような巾着《きんちゃく》を作って、火打道具を入れ、いつも腰に下げることにした。

ある日、息子は長者の牧山へやられたが、交尾していた牛の中の一組がどうしても離れなくなって、二匹とも死んだようになった。息子はあわてたが、どうしようもなく、タバコを吸おうと腰の皮巾着の口を指でひろげた処、それと同時にいままで離れなかった二匹の牛が離れて、立ち上った。息子ははじめてこれはよいものだと思った。それから間もなく、長者の一人娘が聟《むこ》をとった処、婚礼の翌朝になっても二人とも起きてこない。昼過ぎになってもおきてこないので、のぞいてみると、抱きあったまま真青になって倒れていた。医者をよんでも効目はなく、しまいにこの息子が奥に入って、皮巾着の口を指で押しひらくと、二人の体はわかれて別々になった。旦那は大よろこびで、聟は恥ずかしがって実家に帰ってしまったので、この息子を娘の聟として、末長く繁昌した」（藤林貞雄著『性風土記』二一七頁要旨、一九六七年四月二十日刊）

これは年老いた母の遺品《かたみ》の女陰が、火打石の袋となって、更にその「押出す呪力」を増し、申分のない呪物となって、息子の開運をもたらした、という話である。

これはあくまでも女陰の「入れて出す呪力」が強調されている伝承の例であって、ここには女陰の新生命創造の面は少しも考えられていない。従来、女陰のこの方面における呪力が余りにも見落されていたのではなかろうか。

5　クラ考

はじめに

日本の祭祀には「神座《かみくら》」「磐座《いわくら》」（岩座《いわくら》・石座《いわくら》）というように「クラ」という言葉が多出する。この「クラ」には「座」の漢字が宛てられ、「クラ」即「座」という観念があるために、簡単にクラとは神の降りる座、神の依代《よりしろ》と解され、この解釈に何の疑いもはさまれないで過ぎてきた。

しかし本当にクラ即座、なのであろうか。クラという言葉のもつ本来の意義が、その意義からひきおこされる結果とか現象とかをさす言葉にすりかえられてしまったのではなかろうか。

クラ即座、という先入観をはなれてクラを漢字「座」から引離して考えることが必要なのではなかろうか。

神座、岩座、の他にも神事に関係して、クラからの造語と思われるものに「ミテグラ」がある。このミテグラにも、漢字「幣」が宛てられ、その意味はこの幣という字の意味によって、神への捧げものと解釈されている。

しかしこのミテグラも、テ＋《プラス》クラ、つまり手クラ、それに美称の「ミ」がついたものとして分解することが出来る。

それではこの「クラ」とは何であろうか。以下は拙著『扇』（昭和四十五年一月、学生社刊）から引用の私見「クラ」である。

「クラ」という言葉

『古事記』上巻記載の神名のなかに、

A　天之闇戸神　アメノクラドノカミ

B　闇於加美神　クラオカミノカミ

C　闇御津羽神　クラミツハノカミ

D　闇山津見神　クラヤマツミノカミ

といって、「クラ」を冠せられた神々がある。「クラ」という言葉がこの神々には共通してつけられているのであるが、この「クラ」を取りはずして、この言葉以外にこの四神に共通すると思われるところを取りあげてみると、「クラ」が何を意味する言葉なのか、判るのではなかろうか。

はじめに四神の所生と、その掌《つかさ》どるところをみると、

Aのクラドの神は、大山津見神《おおやまつみ》と鹿屋野比売神《かやのひめ》、つまり山の神と野の神の間に生れられた神で、渓谷をつかさどる神である。

Bのクラオカミノカミと、Cのクラミツハノカミはともに伊邪那美神の死因となった火の神、迦具土神《かぐつち》を伊邪那岐神が斬り殺されたとき、御刀の柄に集った血が手の股からもれ出たとき所生された神で、二神とも渓谷の水をつかさどる神である。

Dのクラヤマツミノカミは殺された迦具土神の陰《ほと》から所生された神で、谷山をつかさどる神といわれる。

この四神に共通する点は、

①いずれも渓谷をつかさどる神である。

②四神のうち三神までが殺された迦具土神の所生であって、しかもBとCは手の股、Dは足の股間からの所生である。

これらの共通点からどういう推論が導き出されるだろうか。迦具土神自身、伊邪那美神の陰を灼いた神である。渓谷、手の股、足の股間はいずれもV字型を連想させるものである。

谷は山と山がせまりあった窪みを意味し、典型的なV字の象徴物である。「クラ」は谷の古語ともいわれている。

うぐひすの鳴く暗谷《くらたに》に打はめて焼けはしぬとも君をし待たむ　（『万葉集』巻十七）

ここにうたわれている暗谷は、「暗い谷」ではなく、もとはタニの意で、「クラ」だけでは意味がわかりにくくなっていたので「タニ」が補いに使われたものであろう。しかし山がせまり合ってV字型が鋭角になれば光も届きにくいから暗くなるのは当然で「暗い」はそこから起った形容詞かとも思われる。

手の股、陰《ほと》もV字型の象徴物である。V字型は三角形に近いもので、今日でも沖縄では三角形は女性のそれをあらわすものとされている。

クラのいろいろ

「クラ」は要するにV字型を指す言葉と思われるが、その∨の範囲は鋭角のものから鈍角のものまで、かなり広範囲にわたっていた。つまりこのV字は鋭角の∨から鈍角の∨までかなりの幅があった。

鋭角の典型的なV字型のクラが谷であり、鈍角の代表が、高御座《タカミクラ》、岩座《イワクラ》のクラ、枕のクラ、呉床《アグラ》のクラだつたと思われる。枕はアタマクラの意味であり、呉床はアシクラの意味であろう。岩座《いわくら》、呉床《あぐら》、枕《まくら》はいずれも鈍角のV字、V字というより表面にかすかな凹みをもった物体であった。

馬の鞍《くら》などはちょうど中間の角度をもったV字型であった。

人の身体のなかには浅い窪みや深い窪みがいろいろあるが、浅い窪みは胸ぐら、深い窪みは股グラであろう。

「クラ」はV字型というより、枕《まくら》や呉床《あぐら》のように平面に近い「」から、深く鋭角の「凹」まで、範囲のひろい凹型を指すといった方が、より妥当かも知れない。

ミテグラについて

ミテグラとは何であろうか。『古事記伝』には、

「美弖具良《みてぐら》は何物にまれ神の献《たてまつ》る物の総名なり。諸の祝詞などを見て知るべし。名の義《こころ》はまづ古へ神に献る物及《また》人に贈り物などする物を凡て久良と云りと見ゆ」

とある。昔、神に奉るもの、また人に贈るものをすべて「クラ」といったらしいと推論しているが、そういう例が何かあるのだろうか。

次に少し長くなるが柳田説を引用する。

「ミテグラといふ言葉は古い文学にはあまたみえてゐるのだが、実はその意味が今以つて少

しも明らかになつてゐない。

ミテグラは我がにはあらず天にます豊をか姫の神のミテグラ

ミテグラにならましものをすべ神の御手にとられてなづさはましを

この二歌は共に有名な神遊びの歌で、素朴に之を誦すればそのいみは判る筈と思ふが、古来日本では幣の字を以つて此語に充て、同時に又漢語の幣をもミテグラとよませてゐた為に、之を何か神に捧ぐる幣物の如く想像する癖が已まなかつた。簡単に云ひ切るならば我々のゴヘイは漢語の幣とはちがつて、神に進献する財貨ではないのである。ゴヘイといふ日本語が新しい如く、是に幣帛のいみを持たせるやうになつたのも後の世のことで、其新語の生れる以前、本来の名称はミテグラであり、それはたゞ祭り人の手に執るクラ、今の語になほせば神座であつたかと思はれる。今でも所謂ゴヘイを伊豆の新島ではオンテグラ、淡路の島では田の神の祭の小さな御幣のみをミチグラ、壱岐島にもミチクラ様といふ神があるのは是を以つて祭るからの名と思はれる。現に隣りの対馬島には祭の行列に捧持する大きな形の柱をカナグラ、といふ例もある。とにかくにミテグラのミテが手であつて、之を手にとつて移動することが名の起りであつたことは前の『御手にとられて』の歌からでも想像せられる。之に対して移動せぬもの、定まつた場所に突き立て、又は天然の樹に依つて設けたクラは何と呼んだらうか。それには明らかな総称も伝はつてをらぬが、多分はクラといつても元は通じたのであらう。現在はクラシシ・クラツジなどと専ら山中の岩組み、即ち岩倉にのみこの名は残つてゐるが、本来はすべて神の降りたまふべき処がクラであつたのが、後にそれを手に執り移し申すことが主になつて、ミテグラの名のみがながく行はれたのかと思はれる。何れにしても信仰の様式が世と共に少しづつ変つたのである。古来定まつた一つの大樹の下に神を祭りつづけてゐるといふ土地は増加せぬのに反して、それを次々に移動し得る形に改めて、新しい土地に勧請するといふ場合が段々と多くなつて来たのである。さうしてこれに伴うてそのミテグラを手に持つ者が神の指令をうけたもの、御祭に奉仕する最も主要なる役だ、といふ考へ方が一段とつよくなつて来たことも争はれぬのである」

（『日本の祭』祭場の標示）

柳田説を要約すれば次のようになる。

①「クラ」とは本来神の降りたまうべきところを指した言葉である。

②「ミテグラ」は手にとって移動できる神の座の意味である。

③したがって「ミテグラ」には神に捧ぐる財貨の意味はない。

④本来は大樹の下に神をまつりつづけていたものが、新しい土地に神を勧請するようになり、ミテグラを手にするものが祭の主導者となった。

柳田説は以上の四点にしぼられると思う。

浅学をもかえりみず柳田説をあえて批判することがゆるされるならば、第一の点から私の考えはちがっている。

「クラ」という言葉には本来、神聖な意味も、また神降臨の場の意味もふくまれてはいない。くりかえしいうように「クラ」は単に、∨、あるいは凹みの型に対する名称である。

それだから「テクラ」は「手クラ」で、両方の掌を物を容れるような形に合わせたときにできる「∨」あるいは「凹み」を指した言葉である。そしてその後にその「凹み」の中にいれられたもの、内容物を意味するようになったと考えられる。容器の名称が内容物の名に転ずる例としては水をいれる容器、「盌《もい》」が飲水をさす「もい」にも用いられることなどがあげられる。

信用できる財貨貯蔵所に乏しかった原始社会では、人の掌中こそはもっとも安心な場所だったにちがいない。それだから掌の中、つまり「手クラ」の中に持たれるものは「テクラ」と呼ばれ、「タカラ」と転じて大切な財宝を意味するようになった。

それが神に捧げられるものには「ミ」の美称がつけられて「ミテグラ」となったと推測される。祝詞《のりと》のなかに数多く出てくる「ミテグラ」は神に捧げる財貨の意味である。

柳田説の、
①「クラ」とは本来神降臨の場所をさした語
③したがって「ミテグラ」には神への供物の意味はない
ということに対して私は疑問をもった。それでは、
②「ミテグラ」は手にとって移動できる神座の意味である

はどうだろうか。

私は両掌に形づくられるくぼみのなかに、神聖な木が持たれる場合は移動可能の神座となる、と考える。したがって、柳田の第二説を肯定するのであるが、その根拠は柳田が「クラは神降臨の場所を意味する」というところから出発しているのに対し、私は、両手によってつくられるくぼみに神木をつきさせば陰陽交合の形になり、これは神のみあれの道をひらくものだから、小型の神社、あるいは御嶽《うたき》が両掌の中に形づくられる。それゆえに神の顕現を期待できる場所となり、神座と信ぜられたと解釈する。したがって第二説を肯定するがその根拠は異にするのである。

ミテグラの意味

結局「ミテグラ」とは何かといわれれば私は次のようにこたえる。

それは神への供物をさす場合と、両掌のくぼみ、テクラの中につきさすようにしてもたれた木の枝、扇、その他棒状のものをさす場合とがある。

くりかえしていえば、「ミテグラ」は二種類の意味をもち、貴重な神への「進献物」と、両掌のなかに捧げられた神聖な「木の枝」をさしていう場合があると思われる。

ただここで注意しておきたいことは「ミテグラ」を本来のミテグラたらしめるものは木の枝や扇だけではいけない。陰陽相合した相《すがた》、つまり神聖な枝、または扇と、両掌のつくり出したくぼみがはっきり合体した相《すがた》にこそ本来のミテグラがみられるということである。それでこそはじめて移動する神社であって、いい方をかえるならば、心《しん》のみ柱とその柱の下の関係の小型な表現がみられるのである。

それゆえ、柳田説第四にみられるように「ミテグラ」は新しい土地に神を新しく勧請《かんじょう》するためにももちろん必要だったと思われるが、儀礼的に文学的に信仰心をたかめ、心のたかぶりを表現するのにも「ミテグラ」は必要だったのではなかろうか（以上『扇』一五六〜一六五頁まで引用）。

以上が渓谷を司どる神の名にクラが必ず冠せられていること、また谷の古語がクラであるらしいことから推して、クラはV型、又は穴をさす日本古語であろうという推測であるが、この推測を裏づけるものとして、「クラホリ」「オクラブチ」の二語を挙げる。

クラホリ――「茨城県稲敷郡浮島村で墓穴を掘り棺をになう役」

（『綜合日本民俗語彙』第二巻、五〇三頁、平凡社刊）

オクラブチ――「長野県上伊那郡では爐の縁に高さ幅ともに三寸ほどの木の枠をはめ、これをオクラブチという。……同小県郡の南部でもオクラブチの名がある。寸法縦横を同じくすることを嫌う。……」

（同上、第一巻、二二九頁）

もしクラの意味が本来、倉とか座であるならば、それらと墓穴や囲炉裏《いろり》とは一体何の関係があろうか。墓穴掘りをクラホリといい、イロリブチがオクラブチと呼ばれる理由は迷宮入りとなろう。

イロリは床の面から一段低く凹型に掘られているもので、その在り様はアナグラと略《ほぼ》同じである。墓穴も凹型であることに変りはない。イロリと墓穴とアナグラは凹型である点で共通なのであって、その他には何の同一性を持たぬものである。この三者に共通して、クラが使用されている事実は、クラが凹型に対する呼称であったことを証するものといえるのである。

以上が私見「クラ」であるが、その後、昭和四十六年十一月六、七日に開催された第二十五回日本人類学会・日本民族学会連合大会において、早稲田大学の郭安三氏は「クラ」に関する見解を「倉・蔵（クラ）と窟仔（クッラァー）に就いて」として発表した。

その概要は次の通りである。

クラとクッラァー

「日本本土において『アナグラ』とか『ヂグラ』は縄文中期のものとして宇都宮に∪があり、その縄文後期遺跡は岡山にもある。弥生前期としては板付や下関郷台地に多出する籾雑穀貯蔵用の竪穴、∪・∪・⌣などがあるが、それらは中期の中頃から急に姿を消す。それはその後、渡来した高床倉にとって代られたと思われる。というのは日本列島の湿気は高床倉の普及に力があったからであろう。

この弥生人達の竪穴称呼であったと思われる『クラ』は、貯蔵機能を等しくする地上倉にそっくり乗移った。同時にこの地上倉の呼称としてクラが定着したころには、クラの本義であった『地面に穴』という記憶やいい伝えは風化してしまったのではなかろうか。台湾（閩南）ではアナは『窟仔《クツラアー》』と発音される。日本古代語のクラはこのクッラァーではなかろうか。

ところが『時代別国語大辞典』にも、倉・椋・蔵には高さがあり、地上の視角が落ちている。『座は一段高く設けられた場処。ものをのせる処。高柱上に板を水平におき神を招き迎え祭るのに用いるものを座《クラ》とよんだが、本来は倉庫のクラも地名の岩倉のクラも鞍も高い処に設けられた場所の意である。』（同辞典二七二頁　くら）『凡倉、皆於高燥処置之。側開池渠。』（『令集解』　倉庫）

以上の定義にみられるように日本語のクラにはいずれも『高さ』の感じがあり、筆者は台湾の窟仔《クツラアー》が古代日本語のクラに親縁関係をもつものと推測しているが、まだ結論は得られない」

考察　同氏は地下の穴・V・凹を指すに相違ない日本古語クラに、「高さ」があるところに苦慮している。

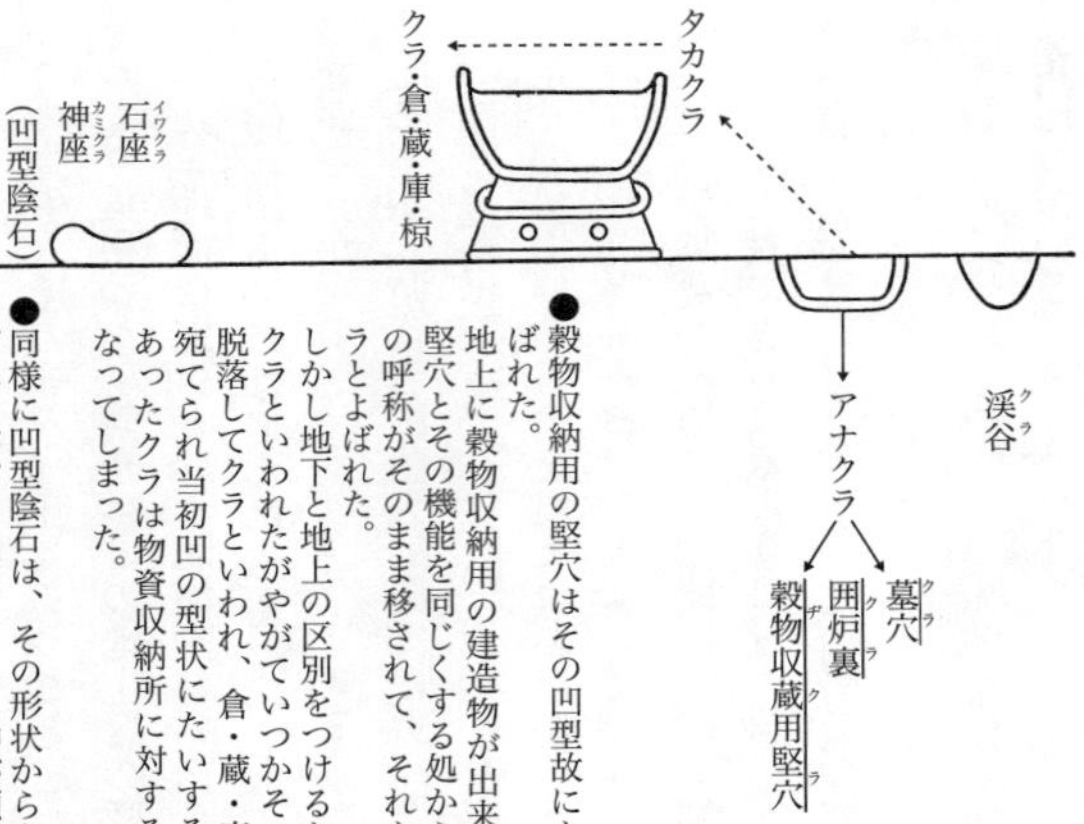

●穀物収納用の堅穴はその凹型故にクラとよばれた。
地上に穀物収納用の建造物が出来たとき、堅穴とその機能を同じくする処から、クラの呼称がそのまま移されて、それもまたクラとよばれた。
しかし地下と地上の区別をつけるためタカクラといわれたがやがていつかそのタカは脱落してクラといわれ、倉・蔵・庫の字が宛てられ当初凹の型状にたいする呼称であったクラは物資収納所に対する名称となってしまった。

●同様に凹型陰石は、その形状からクラとよばれたが、その石はそこに神が顕現する擬似女陰であるため、神の座として考えられクラに座の字が宛てられるようになった。

第一図　クラ図解

しかしはじめに挙げた渓谷を司どる神、または渓谷そのもの、其他、墓穴とかイロリにクラの呼称がつけられている事実は、古代日本語のクラが、窟仔《クツラアー》に非常に近いことを表しているのではなかろうか。

　クラが∨や凹みをさす古語であるならば馬の鞍も、それが地上より高いところにあるからクラなのではなく、鞍がゆるやかな凹形をなしているからと解釈する方がより妥当なのではなかろうか。

　神座《カミクラ》・石座《イワクラ》もたしかに神クラ山の呼名にもうかがえるように、山の高処などにある場合が多い。しかしその場合もこのクラを神の顕現《みあれ》される擬似女陰石、いわゆる陰石の凹みに対する呼称と解すれば、この場合にも「高さ」は関係ないのである。事実、石座《いわくら》は山のふもとの低いところにいくらでも祀られている。

高倉《タカクラ》の場合も本来クラとは地下の穴のはずが地上に移されたからタカクラとよばれるようになったので、このタクラはクラに高《タカ》がついて本来のアナグラと区別されるようになった、と解釈すれば、むしろこのタカクラはクラと窟仔《クッラアー》の同一性を証するのに有利な例となり得るのである（第一図参照）。

倉と座

倉と座はいずれもクラとよばれるが、この二者の間には何の関連もないと思われてきた。

しかし倉も座も、その各々に与えられた漢字を離れて考えたとき、どちらも同じ古代日本語のクラなのであって、その理由は前頁の図の説明の通りである。

つまり本来、単に凹型の形状に対する呼称であったクラが、

倉の場合には　地下のヂグラが持つ物資収納と同一機能をもつ地上の収納所に、その名称がそのままうつされたのである。ただ地下と地上の区別のために「高」の字を附されたが、いつかそれも失われて「倉」とのみいわれるようになった。

座の場合には　それが神座としての機能にもとづく名称として誤認されたのであって、「クラとは本来、すべて神の降り給うべき処をさした言葉である」とした柳田説は、この誤

認から、「座《クラ》」にきわめて神聖な意味をもたせたのであった。しかしくり返していうようにクラには本質的に神聖な意味はない。石座《イワクラ》とか神座《カミクラ》とかはいずれも神のみあれされる大元の擬似女陰であるが故に神聖なのである。

6 菱型考

菱型のご神体

犬山市宮山の大県《おおあがた》神社は尾張の二の宮と称せられ、尾張開拓の祖神、大県大神を祀る大社である。その由緒は古く、垂仁天皇の二十七年、本宮山頂から山麓の現在地に遷祀されたと伝えられている。

この宮山に天然の女陰石があるが、恐らくこの岩がこの社の発祥であろう。『社伝』には発祥の由来として、

「尾張開祖の二宮様境内宮山の奥深く探ると、おそそ洞という秘境に天然の女陰磐境がある。里人これを御社根岩といい、昔この岩を中心に毎年、立春に五穀の増産を祈る神秘の祭典がくりひろげられたと伝えられる……」

といい、御祭神は倉稲魂神《うかのみたま》、比売神、となっている。

この岩の向きは西北、その形は見事な菱型である。この菱型の岩が「姫宮磐境《ひめみやいわさか》」として信

仰の対象となっている以上、この菱型が単純素朴な女陰の造型と断定して差支えなかろう。

お菱葩

宮中の正月料理の主体となる餅に「お菱葩《ひしはなびら》」がある。天皇が夜明けに四方拝をされ、賢《かしこ》所《どころ》・皇霊殿《こうれいでん》・神殿に拝礼をされた後、御祝膳につかれるが、そのとき最初に祝われるのがこのお菱葩である。

そうしてこの餅は宮中の参賀の高官達にも二個宛《ずつ》下賜されることになっている。

お菱葩とは小豆汁でそめた赤紫色の菱型の餅で、その直径は一四センチに八センチである。次頁第二図のように味噌餡《みそあん》で和《あ》えた一二センチ程の細い午蒡《ごぼう》を芯にして、一つは熨斗《のし》のように両方から折りたたみ、一つは鳥追い笠のように二つ折にしてある。

このように、たたみ方が二通りあるにはあるが、いずれにしても午蒡が赤紫色の菱型の餅の中央に先ず置かれ、それからこの赤紫の餅、つまり小豆色の餅で包まれていることに変りはない。

愛知県大県神社姫宮磐境西北向き菱型

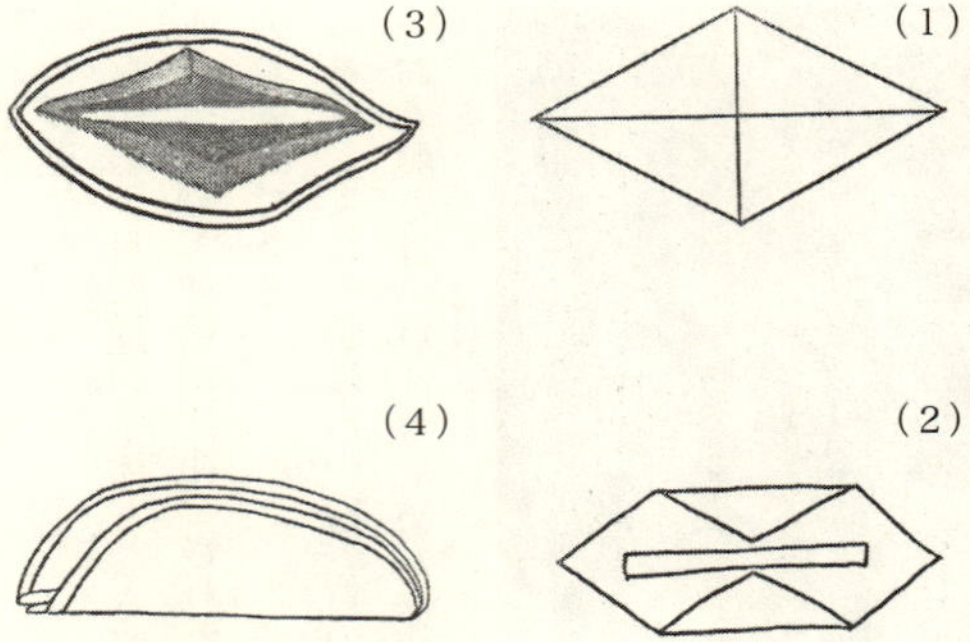

第二図　お菱葩

これはつまりその色といい、形といい、全く念入りな陰陽交合の造型であるが、正月、立春、三月三日の節供などに当って、かつてはこのような菱型餅を各戸で必ずつくる風習があり、それが宮中には今も生きて残っている、ということなのであろう。

なお、この小豆色の菱型餅は、更に直径一五センチと一二センチ、厚さ一センチの白餅で外側をくるまれている。

菱型は先に大県神社の御神体が菱型の岩であって、それが姫宮磐境とよばれていることからも察することができるように、ズバリ女陰の造型とみて差支えないものである。

菱型餅は今日では女児の節供である三月三日の雛祭りに欠くことの出来ない供物となっているが、むしろ正月の歳神迎えに古くは必ずつくり供えられたものらしい。

歳神迎えばかりでなく、正月の神送りと思われるトンド焼にも菱型は顔をみせている。
それらの例を次に挙げることにする。

歳神迎えのオマエサン

十年程前までは島根県の各地方に特殊な正月の歳神棚の飾りつけがあった。それは歳神棚の飾りの中心に扇子を置き、その下に「オマエさん」という赤い布を垂《たら》したものである。つまり日の丸の白扇と、その下に取つけられた菱型の赤い布の一対が、歳神棚の中心をなしていたのである。この菱型の赤い布の代りに同じく菱型の白い御幣がたらされているところも

第三図　歳神棚、オマエさん　福浦
島根県八束郡美保関町福浦（無形の民俗資料　記録第6集　正月行事2　島根県・岡山県）

第四図　オマエサン　石塚尊俊氏提供

ある（第四図参照）。

「……野波《ぬなみ》（島根県八束郡）ではトコの奥に蓑組《みのぐみ》のシメを張り、モロモキ、ゆずり葉をつけ、さらにご神体のつもりで扇子の下に白幣と赤い四、五尺の布をとりつけたものを二体あるいは三体、シメにとりつける。（中略）福浦（島根県八束郡）では、最近少なくなったが、元来はどこの家でもトコにオマエさんと称するものを組み立てた。高さ一・五メートル、横〇・九メートルくらいの櫓《やぐら》のようなもので、下から五センチほどのところに座があり、上に天井もある。ふだんはほどいて倉の中にしまっておくが、正月になるととり出して組み立てる。この飾り方は、まず内側の両壁と奥とに真菰《まこも》を掛け、奥の上方には蓑組のシメを張る。シメにはモロモキ・ゆずり葉・橙などをとりつけ、両方には白幣をつけるが、白幣の下部は極端に大きくなっている（著者注、この白幣が菱型を意味していると思われる）。シメのやや下方、つまり正面からみて中央に当たる処には、扇子を三本組み合せ、その下に串柿を串のままとりつけ、その上に赤い長方形の布を一枚広げて張るが、この赤い布がご神体だという。手前の柱の上部には、双方に若松の小枝を結びつけ、ミカン・餅花を添え、手前の梁《はり》には大根・蕪《かぶ》・鯛などを吊す。座には正中に三宝を置き、お鏡を供え、お膳・お神酒《みき》を供える」

オマエさん「以上述べた如く、歳神棚の飾り方は土地によりいろいろであって、これを一概にいうことははなはだむずかしい。しかしこのうち何といっても変っているのは『福浦』のオマエさんである。この式は『男鹿《おしし》』にもあり『大根島《だいこんじま》』のどこかにもあろうとのことであったがこのたびは明らかにできなかった。男鹿では十数年前ごろまではこれを納戸に飾ったという。それを総本家の主人が、神聖なるべき歳神飾りを寝間に飾ることはないというので、オモテのトコの間に移したことから、誰もがそれに習うようになったという。同じ様な話は『塩津』にもあって、この浦ではどの家でも神棚は元来台所につったものであるが、川谷真市氏が、やはり同じような現代感をもってオモテのほうに移して以来、これに従うものが次第に多くなったという。そういう風にして漸次変ってゆくのであるが、元来、これは納戸に飾るほうが古いのであって、同じ慣行が山陰では他の地区にも多いことは前述の通りである。そして因幡《いなば》では納戸に飾った歳神をぐるっと屏風《びょうぶ》でとり囲んだりなどし、それはトシトコさんは暗いところが好きだからだという。……」

（文化財保護委員会編『無形の民俗資料　記録第六集　正月行事2』一五～一六頁）

「……多くの地方のうち、『男鹿』『福浦』でだけはご神体というものがはっきりしている。すなわち、オマエさんの中の三本の扇子の下につけた赤い布がそれであって、ふだんは他の道具と一しょに倉の中にしまっておくが、これをこの浦ではだれもがご神体だといっている。扇子に赤い布をつける例は『雲津』『野波』にもあるが、その付け方はもっぱら下に垂すだけである」

（同上、一八頁）

オマエサン補遺　今年（昭和四十八年）一月六日、オマエさんの飾られる歳神棚を確めるため、『無形の民俗資料　記録第六集』の資料提供者、美保関町福浦の花本好太郎氏宅を吉岡正晴区長の紹介により訪れた。ところが床の間の歳神棚の何処にも赤いオマエサンは見当らない。オマエサンの上の方に飾られる三本の白扇はあるが……。

「もうやめて十年くらいになる。赤い布は真正面《きれ》に下げるから、入って来た人に真先《まつさき》に目につく。この家《うち》は共産党かと思われるから」

思いもかけない花本老人の答えに私は一瞬呆然《ぼうぜん》とした。オマエサンと赤旗との取合せが余りにも突飛だったからである。

けれどよく考えればこれほど筋の通った話はない。昔からの信仰というか、呪術というか、とにかくその意味が忘れられた今、赤い長方形の布切れが床の間の真中に吊り下げられていれば、それは正に赤旗同然であろう。

こんな思いもかけない障害で、古い風習はひっそりと廃《すた》れてしまうのである。

しかしこの花本氏からいくつかの貴重な聞書を得た。それは次の通りである。

「このオマエサンは昔は納戸《クラ》に祀られたということ。又クラ開きは正月十一日までせぬこと。その間、家人はクラに出入出来ない。正月着なども従って取揃えてクラから前以て出しておく。二日に縫い初めをするがその材料も出しておく。クラにも門松をつける」

以上である。納戸《クラ》は歳神のみあれされる神聖な擬似母胎である。従ってそこに神の男根を象徴する扇と、女陰を象徴する菱型の赤い布切れ、オマエサンが飾られるのである。そうして美保関町福浦小福浦では、この納戸のオマエサンの前で、一家の主人は裸体で年越の夜を過したという（牛尾三千夫氏提供資料吉岡恵一氏談、明治二十八年生）。その裸体はおそらく新しくみあれされる年神の姿の擬《もど》きであろう。納戸《クラ》の中は歳神がみあれされる胎内であり、且、正月中、留まられる処だから十一日までは家の人も出入出来なかったのである。家は神迎えが期待出来る擬似母胎と私は推測するが、その実証に有利な聞書を得たわけであった。

なおこの『無形の民俗資料　記録第六集』三頁に、福浦の鳥追いの写真がある。その写真の主は今は亡きこの家の女主の由であるが、七草の置かれているのはマナ板の用をしている鍋蓋《なべぶた》であり、それを杓子《しやくし》で叩くのである。杓子は男根、鍋は昔から女陰、女の胎《はら》の象徴物である。鳥追いの鳥は葬送、神送りに欠かせぬものである。神送りは神を胎児としてその本貫に新生させる前提としての性交儀礼をその重要な要素とする、と私は考えるが、正月の神送りと思われるこの福浦の鳥追いの行事の中に、それが跡附けられるのである。

トンド（さぎちょう）と菱型

島根県八東郡美保関町の福浦・北浦・千酌《ちくみ》各部落では正月八・九日にトンド焼をする。

このトンドには共通の条件がある。それは、

①円錐形、又はそれに類似の形であること。

島根県八束郡美保関町福浦

島根県八束郡美保関町北浦

②素材はワラと竹、又山の木も入れられる処もあり、正月の飾物も入る。
③扇が必ずつけられる。
④トンドの中に必ず菱型が形づくられる。
⑤鳥も同様に何らかの形で表わされる。
⑥十二の数がつきまとう。
等である。

①②③④⑤は上の写真の通りである。⑥の十二の数であるがそれは次の通りである。

福浦　トンドの大竹は十二本である。そうして写真のようにトンド自体を翼《つばさ》をひろげた鳥の形につくる（鳥の絵も写真のように別につけてある）。

北浦　トンドの青山は川柳・モチノキ・譲《ゆずり》葉《は》などの常盤木《ときわぎ》、十二種を山から伐ってきてつくる。

千酌　篠竹の束を十二束使ってトンドを組

立てる。

トンドは「さぎちょう」ともいわれ、「左義長」の字が宛てられている。けれども私は『京洛月次《つきなみ》風俗図扇面流し屏風』で鷺舞《さぎまい》とさぎちょうが同一画面に描かれていること及び其他の理由から「さぎちょう」を鷺帳であろうと推測している（拙著『祭りの原理』一七八頁参照）。

「さぎちょう」は女の胎の造型であって、歳神はこの中に胎児としてこもり、火に乗り、囃《はや》されることによって一挙に常世の国に送り出されるのである。

胎児出来の前提となるものは性交であるから、擬似母胎の「さぎちょう」には陰陽物が必ず取附けられるはずである。その陽物は「扇」、陰物は「菱型」である。「扇と菱型」の取合せは、出雲の歳神迎えにおいて、昔は必ず納戸に祀られたという前述の「オマエサン」つまり「扇と菱型」の取合せと一致する。扇と菱型はそれぞれ、男根と女陰の象徴物なのである。

その他、「さぎちょう」に欠かせぬものは竹であるが、竹は蛇祖ともいわれ蛇――男根の象徴である。また「さぎちょう」に附きまとう十二の数は従来は一年十二ヵ月を表わす、とされているが、私は女陰象徴の亥（猪）の表出とみたい。従ってさぎちょうの中には陰陽交合がいく重にもたたみこまれているのである。そうしてこの性交を象徴する飾物の中に、歳神は円錐形の擬似母胎の中に胎児として納まり、燃え上る火の中を、村人に囃し送られて常世の国に向う。その時、白鳥である鷺が舞うことによって、歳神はオナリ神に導かれることになる。「さぎちょう」の側で鷺舞がまわれることは倭建命伝承における天翔る白鳥と全く同一の根から派生した伝承と民俗であると私は考える。現在の出雲の「さぎちょう」に鷺舞はない。しかし必ず鳥の姿が形づくられたり、描かれたりすることは、前述の屛風絵の中の室町時代の「さぎちょう」と同じく、かつてはあったことを物語る。

正月に宮中で「菱型」の餅が祝われ、西の果の出雲の地で、同様に正月の飾りものに扇と「菱型」の組合せが用いられ、トンドの中に必ず今日もなお「菱型」が形作られることは、それが中央と地方という遥かな処を距《へだ》てながら、なお同一の信仰に根ざしている根強い風習であることを物語る。

この他、なお中央の皇室の禁忌で、出雲と一致することがある。皇室においては祭事の際には、供御《くご》に鶏と卵は禁忌の由である。美保関町に鎮座の美保神社の宮司をはじめ氏子の人々は鶏と卵が不断に食べられないことになっている（今は大分緩んでいるが）。

おそらく鶏は西《とり》であって、十二支においては西の象徴である。そこでオナリ神の白鳥をいみし、葬送になぞらえられる神送りには欠かせぬものだからであろう。出雲佐太《さだ》神社の神送り神事の夜には、三羽の鳥が神の御供に立つため死ぬという。

7 おわりに

日本民族は「穴」というものに特別の関心をもっていた。それは度々いったように、西へ落ちた太陽が穴を潜って東に出ると考えられていたこと、種が地中の小さな穴に播《ま》かれて発芽すること、人が女の胎から生れることなどからの類推であろう。こうした動きから結論として出てくることは、出るためには入ることが必要不可欠であり、入ったからには必ず出なければならない。こもっては出、こもっては出るということが大切であって、入り放し、出放しがもっとも忌み嫌われたのであった。こもっては出、こもっては出るその輪廻によって、太陽も植物も人も永生を保つことが出来ると信じられた。その入ることと、出ることの中心となるものが、穴・洞・胎《はら》・クラであった。

人の世でその穴の代表的なものは女の胎と陰《ほと》である。生命を妊《はら》む「胎」を中心とすれば、その生命の出入りする陰は玄関のようなものである。

この生命を育む胎も大切であるが、生命を出入させる女陰は一層重視される。何故かといえば女陰には信仰の対象となると同時に、呪術における呪物になる、という二面性があるからである。

信仰の対象になることは、女陰が新生命創造の場、又、神のみあれの場処となる場合におこり、呪物となることは、女陰が生命及び男根出入の場としてみられた場合におこる現象である。

新生命創造の場、又神のみあれの場としての女陰の重要度が、女陰を信仰の対象にまで引上げることは容易に考え得られる。

しかしその男根なり、新生命なりを、入れて出す力が、女陰を呪物にする、ということは従来考えつかれなかったことではなかろうか。

「入れて出す女陰の力」、それは新生命の創造と殆ど相拮抗《きっこう》するほどの女の力である。この二つの面からの女陰の把握、それが種々様々の民俗の謎を解く重要な鍵の一つであると私は考える。

日本民族の思想の中心課題は、擬似母胎を中心に入っては出、こもっては出て、常に生命を更新することにあったから、入れて出すことを本質とする女陰は、呪物として尊重されたのである。

草庵に　暫くいては　打破り　（『猿蓑』　芭蕉）

の句に示される「行《ぎょう》」の哲学における呪物としての家屋、仮屋の意味は、こうして新しく問い直されなければならないだろう。

第三章　白鳳期における呪術

1　天智天皇近江遷都の呪術

文献にみる近江遷都

　額田王、下二近江国一時作歌
味酒《うまさけ》　三《み》輪山《わのやま》　あをによし　奈良の山の　山の際《ま》に　い隠《かく》るまで　道の隈《くま》　い積るまで
につばらにも　見つつ行かむを　しばしばも　見放《さ》けむ山を　情《こころ》なく　雲の　隠《かく》さふ
べしや

　反歌
三輪山をしかもかくすか雲だにも情あらなも隠さふべしや　（『万葉集』巻一）

額田王のこの歌には、故郷の山と神を捨ててゆく人々の内心の不安、寂寥《せきりょう》、不満など、表面立っていいえないものが潜められている。

『日本書紀』巻二十七、天智紀六年の条には、

「紀元六六七年、天智六年三月十九日、天皇は都を大和から近江に移された。この時、国民はこれをよろこばず、この世情人心の不安を反映するかのように夜となく昼となく怪しい火災があちこちでおこった。又この遷都を暗に批難する歌や諷刺《ふうし》が町中に流行った」

という意味のことが簡潔な筆で記されている。

以上が近江遷都に関する文献の一部であるが、これらから察せられることは人々の大和への愛惜と、それへ表裏する遷都への不満である。更に重要なことは当時の人々にさえ、近江という畿外への遷都の理由が判らず、その必要性が納得出来なかったことではなかろうか。正史の『書紀』にさえその理由は述べられておらず、むしろその編者は正面切って問い質せぬその疑問を、町中にみなぎる世情人心の不安を描写することによってあべこべに提示しているかのように見えるのである。

天智天皇が何故新都の造営という一大事業をおこし、白村江の敗戦以来、さなきだに苦しい国庫に更に大きな負担をかけるに至ったのか。しかも国民の心情さえも一方的に無視していることを考えれば余程の理由がそこになければならないのである。

しかし御代の交替ごとに皇居又は都を移すということは原始信仰の原理にかない、古代日本の習いであって、そのことについては非常時といっても当り前のこととして受入れられた

と思われる。問題は何故、畿外僻遠《へきえん》の地の近江に移されたかの点にしぼられよう。

近江遷都の時代背景

朝倉の行宮《あんぐう》で斉明天皇崩御の紀元六六一年から六七〇年までの十年間の出来事を年表によってみると、この十年間の前半は近江遷都の背景をなす数年であり、後半は遷都及びその後二年で藤原鎌足が亡くなり、更にその一年後天智天皇自身の崩御ということになる。

近江遷都の背景をなす数年というのは、六六三年の白村江の大敗後、国土防衛線を幾段にも分って固め、そこに築城を急ぐという全く慌しい時代である。そこで近江遷都の理由の通説の第一として「国防上の必要」が挙げられるのは当然であろう。

しかし私は近江遷都の理由に「呪術」を加えたい。それは従来恐らく一顧もされなかったことであるが、この近江遷都という壮大な現実の底に、根強く、しかも無気味なまでに複雑な様相をもって横たわっている、と考えられるからである。

『日本書紀』巻二十七、天智天皇五年の条に、

「是冬。京都《ミヤコ》之鼠向二近江一移ル」

という記事がある。一国の正史にこのような一見莫迦《ばか》げたというほかはないような記録が何で載せられなければならなかったのだろう。しかし本当はこうしたわけのわからないような記載こそ重大なのではなかろうか。

西暦	干支	天皇	政治・経済・社会	文化
661	辛酉	(斉明) 7	7・24 斉明天皇、朝倉宮にて殁、皇太子称制。 8月 阿曇比羅夫を遣わし、百済救援。 9月 百済王子豊璋を本国に護送する。	
662	壬戌	(天智) 1	3月 唐新羅、高麗を討つ。軍将派遣救援。 5月 阿曇比羅夫、船師をひきい、豊璋を百済に送り、王位につける。	6月 百済朝貢
663	癸亥	2	3月 上毛野稚子ら、兵二万七千人を以て新羅を討つ。 8・27 日本船師唐と白村江に戦って大敗す。 9・7 百済唐に降る、百済人、日本軍と共に日本に向う。	2月 百済朝貢
664	甲子	3	2・9 冠位二十六階。氏上・民部・家部を定める。 5・17 唐将劉仁願表函などを献じる。 是年対馬・壱岐、筑紫に防人と烽をおく。 筑紫に大堤を築き水を貯え水城となす。	
665	乙丑	4	2・25 間人大后没す。2月百済の男女四百余人を近江国神前郡におく。 8月 百済の遺臣に長門・筑紫に城を築かせる。	第五回遣唐使
666	丙寅	5	是冬 百済の男女二千人を東国におく。 京都《みやこ》之鼠向二近江一移る。	高麗朝貢

667	丁卯	6	3・19 11月	都を近江大津宮に移す。 大倭高安城・讃岐国屋島城・対馬国金田城を築く。	耽羅朝貢
668	戊辰	7	2・23 5・5 10月	倭姫王を皇后、大海人皇子を皇太弟とす。 天皇蒲生野にて猟をする。 高麗唐にほろぼされる。	百済朝貢（4月） 新羅朝貢（9月）
669	己巳	8	1・9 10・16	蘇我赤兄を筑紫率とする。 藤原鎌足没す。是冬高安城を修す。 是年百済の男女七百余人を近江蒲生郡におく。	新羅朝貢 第六回遣唐使
670	庚午	9	2月	天皇近江蒲生郡ひものにゆき宮地視察。 是年造籍（庚午年籍）	法隆寺焼失 新羅に遣使 水碓にて冶鉄

（『日本歴史大辞典別巻日本歴史年表』河出書房新社）

もしこれが呪術であるならば、呪術とは元来そうしたものなのであって、人間の世界に唐突に顔を出し、しかも表面はお伽話《とぎばなし》のような顔をしてアグラをかきながら、深層ではそれを支配している、といったものなのである。

天智五年といえば天智六年近江遷都の前年であり、冬とあるから恐らくは冬至をふくむ十一月を指すかと思われる。その時に帝京のある大和から近江に向って鼠が移動した、というのである。正面切って考えれば只のお伽話のようなものであるが、これには仔細があろう。

その推理は後に述べることにして、この遷都の行われた近江の地勢、この遷都の行われた方位と時、を先ずみることとする。

近江の地勢——四神相応の地

大津京の所在地は今日までのところ、まだ確かではないが、大体南滋賀の地とされている。その地勢は地図でみても明らかなように、東及び東南にかけて大海にも似た琵琶湖があり、西北に比叡山、北方には比良山系が連なっている。南は開豁《かいかつ》な平野、西には山城国に通う道がある。

このように東から南にかけて水があり、西から北が高地で、南が低く、西に長道のある地勢は「四神相応の地」といって中国ではもっとも吉祥の地とされている。四神とは東の青竜、西の白虎、北の玄武《げんぶ》、南の朱雀であって、この四神、つまり東西南北がよく釣合って斉《ととの》っている土地相という意味である。

実はそれは中国自身の土地相なのであって、東及び東南は海、西から北にかけて高地、西には西方に通う長道があり、南は沃野というわけなのである。四神相応の地とは他ならぬ中国自身の地勢であって、中国人は古来自国の土地相を最高の吉相として謳歌してきたことになる。

土地についてのこの四神相応の考え方は当然日本にも招来され、この条件をみたす土地が物色された。そうしてその条件にかなったのが大津であった。大津は小ぶりではあっても大唐国さながらの目出度い地勢をもった土地であった。

大津へ移ろう。そうしてこの吉相の土地に首都を建設し、大唐国にあやかって国運を開こう。天智天皇の胸中は祈りにも似た思いで一杯だったに違いない。

その大唐国に似通った地勢の上に新しく営なまれた大津京は、恐らくその区画も長安の都に倣《なら》い、宮殿にもその調度の類にも唐風が取入れられ、宮廷生活そのものもまた多分に異国的であったろう。

誇張と修飾に満ちた文であろうが、『懐風藻』序文は、これを裏書きするように、大津の宮廷を次のように叙している。

「是に三階平煥《へいかん》、四海殷昌《しかいいんしょう》、流纊無為《りゅうこうむい》、巌廊《がんろう》暇《いとま》多。旋《しばしば》文学の士を招き、時《よりより》に置醴《ちれい》の遊を開く。この際に当りて、宸翰《しんかん》文を垂らし、賢臣頌《しょう》を献《たてまつ》る。雕章麗筆、唯《ただ》に百篇のみに非ず」

このような盛んな文運の背景には百済から亡命した多くの学者・文人の群があった。彼らは位階を授けられ、師として篤《あつ》く遇されたのである。大陸の学問知識はよく吸収消化され、取分け若い大友皇子の中に見事に開花した。

侍㆑宴

皇明光㆓日月㆒　帝徳載㆓天地㆒。

三才並泰昌、　万国表二臣義一。

『懐風藻』に残されているこの皇子の詩から今日私どもがうける感銘は、その才と同時に、その発想が全く陰陽二元思想に拠っているということである。詩文の中にこれほどまでに大陸の思想・哲学がとり入れられ、しかもそれが芸術作品にまで高められていることは消化吸収の密度が並ではなかったことを示していると思われる。

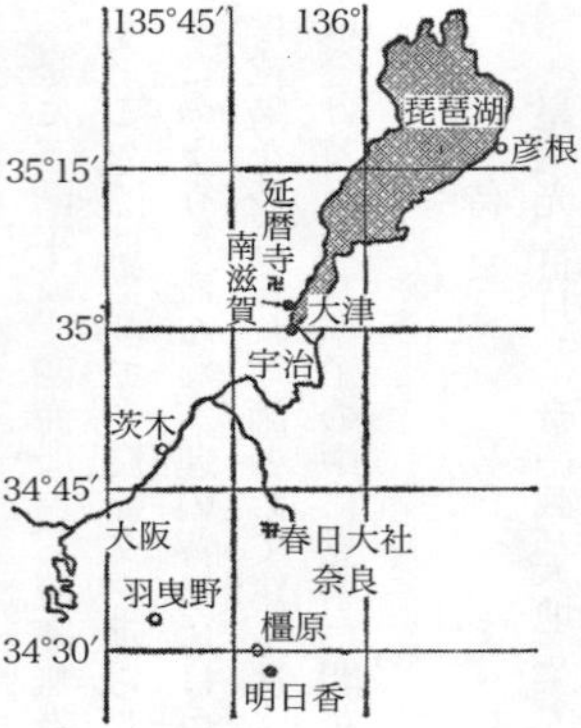

第一図

思想・哲学・文学の方面ばかりでなく、漏刻を置き、鐘鼓を打って時を知らせるようになったのもこの時代、天智十年のことであった。

「子」の方、大津

明日香京は東経約一三五度五〇分の線上にあるが、大津京所在地と推定される南滋賀も同じく略《ほぼ》一三五度五〇分の線上にあり、明日香京からは北に約六〇キロメートル距《へだ》った地点にある。

そこで近江遷都とは当時の道のりにして約十五里ほどの距離を距てた真北に移ったことを

意味するものであることが判る。
このように正確な真北の方位に向って移ったということは偶然ではなかろう。現在地より真北の方向に首都の地が求められ、北の方位がはっきりと意識された結果、正確に真北が計測された、その揚句が近江遷都だったのである。
「北」とはいうまでもなく「子《ね》」であるが、こうしてみるとこの遷都には、はっきりと子《ね》の方《かた》が求められていることが判る。

遷都における「子」と「卯」

近江遷都は紀元六六七年、天智六年三月十九日に行われた。この年月日を干十二支であらわすと、次のようになる。
丁卯年《ひのとうのとし》、辰月《たつのつき》、己卯日《つちのとうのひ》
つまりこの遷都において、月には「辰」がとられているが、年と日に「卯」がとられていて、「卯」がもっとも強く意識されていることが判るのである。
時と処とは、陰陽五行思想においては常に相関関係にあり、切離しては考えられない。そこでこの近江遷都において「子の方」に「卯年卯日」に移動したことは「子」と「卯」の結合とみて差支なく、祭り月における「子」と「卯」の結合がここにもある、といい得るのである。

近江遷都は、地勢としては最高の吉相である「四神相応の地」であって、しかも帝京の真北、「子の方」に当る近江に向って、「卯の年」「卯の日」を卜《ぼく》して引移った、ということなのである。

換言すれば時においては「卯」、処においては「子」がとられているので、その意図は明らかに、「子」「卯」の結合なのである。

近江遷都における呪術——子卯の結合

日本原始信仰における世界像は、真正の母の胎を中心として、それに同一平面上に同心円を画いてひろがる擬似母胎、家・村・都・国と拡大してゆく相においてとらえられていた、ということは序章で既述した通りである。

都は拡大された相における擬似母胎であり、中央の「穴」であった。原始信仰における東・中・西のこの「中央の穴」が、陰陽五行導入後は、その「穴」と五行説においてもっともその本質を同じくする、北の「坎宮《かんきゅう》」に移し重ね合わされたことも既述した。

その習合、重ね合せがいつ行われたか、それはもちろん不明である。

しかしその習合の一つの明確な、具体的なあらわれが、天智天皇のこの近江遷都ではないかと私は推測する。

その理由は次にのべる通りである。

大和は古代大和王朝の首都で、国家の原点である。出雲に亜《つ》いで、又は同等の中央の穴、いわば国家の「太極」である。

近江は山をこえて、その真北に当り、畿外の地である。

北は陰陽思想において「太極」の精、「太一」神が居を占める「坎宮」である。

この北の坎宮はくり返しのべたように穴を意味し、原始信仰における中央の穴と本質的に同じであって、しかも深遠な哲理によって裏附けられている。

単純素朴な原理による原始信仰の世界像の中心としてとらえられた母の胎、中央の穴とはその点で大いに違う。その意味で「北」は大きな魅力であった。

北のもつ魅力はまだある。

北は五行において「水」を意味する。この「水」は五行相生の原理によれば、「水生木《すいしょうもく》」で直接に「木」につながる（口絵A図参照）。

「木」は星にとれば「木星」、方位は「東」、季にとれば「春」、時間にとれば「朝」、十二支では「卯」、色にとれば「青」である。「木」の象徴する世界は、暗黒、冬、坎《あな》を象徴する「水」の世界から一転して陽気発動の青春の世界である。この永遠の青の常世国へ新生するためには、一陽来復の象をもふくむ北の坎宮にこもることが前提として要求されるのである。

国運を隆盛に導くためには陽気発動の「木気《もくき》」が「祐気《ゆうき》」として絶対に必要である。

しかし東方の祐気は、北方の祐気をとることを前提としてはじめて可能なのである。

大陸の深遠な五行哲理をすでに十分体得していた天智天皇にとって、「太極」つまり首都を本来の北に移動することは、そのいみで至上の願いであったに違いない。

しかもその大事業は国歩艱難《かんなん》なこの時代でも、この大王の威力を以てすればなお可能なのであった。

大王は「太極」本来の相にかなうよう、「太極」を北方に移し、太極から分れ出る陽の気の強烈な発動を求めて、遷都の年と日に、東方木気を象徴する「卯《う》」を宛《あ》てたものと推測される。

その月に三月、つまり辰が宛てられたことは、辰を「天子」と「祖先神」のいみにとっていることを表わしていると思われる。

そこで、『書紀』天智天皇五年の記事、

「是冬。京都《ミヤコ》之鼠向二近江一移ル」

がいみすることは次のようなことだろう。

「鼠」とは「子」であり、冬とは冬至をふくむ十一月、つまり「子の月」を指すと思われる。近江は真北の地、「子の方」である。

そこでこの文は「子《ね》の月に、子《ね》が、子《ね》の方に行った」とよむことが出来る。それはつまり、太極がその本来の地の北へ移動する、ということで、来《きた》るべき年に行われるはずの遷都という大事業の予祝の占《うら》であり、それ故に正史に記載されたものと私は解釈する。

天智天皇近江遷都と持統天皇藤原京遷都の比較

天智天皇遷都にみられる子卯軸は、持統天皇遷都の子午軸と対照的である。しかし十干《じっかん》では天智天皇の遷都に南を示す「丁《ひのと》」、持統天皇のそれに東を示す「甲《きのえ》」がとられているので、決定的な対立ではない。というのはこの十干をふくめてこの二つの軸を考えれば、いずれも「水生木《すいしょうもく》」、「木生火《もくしょうか》」の五行相生の理の一部が形成されるからである。

要するに天智朝では子《ね》に対する卯《う》が重視され、天武・持統朝では子に対する午《うま》の軸がより重視されたことを示している。

子卯軸は五行循環を短絡し、その輪廻を最もよく要約する軸と天智朝では見做されていた。それに対し天武朝では、後述するように原始信仰の火処《ほと》、女陰の作用が重視された結果、火の方位の午が事毎に撰用されたのではないかと私は考える。

天智天皇の東、卯の方指向は遷都の前年の冬、百済の男女二千人を東国におく、ということからも窺われる。五行の行《ぎょう》は動くことで、輪廻には移り動くことが必要とされる。冬とあ

	方位	年
天智	子	丁卯　六六七
持統	子	甲午　六九四

	水生木生火
天智	子→卯→丁《ひのと》
持統	子→甲《きのえ》→午

るから恐らく十一月の子の月であろう。子の月に卯の方へ二千人を移すことは、次の年、卯の年に子の方への遷都の予祝であろう。それによって水生木《すいしょうもく》の作用、ひいては円満な五気循環が期待出来るのである。二千人の「二」を卯月の「二」とすれば東の意味となる。又その「二」を十二支の二番目の「丑」ととれば子《ね》から卯《う》、水《すい》から木《もく》への渡し手を意味する。牛が此世から彼世への渡しを象徴することは出雲国造の死にまつわる赤牛からも証せられよう。遷都後においても六六九年、大津の真東、蒲生《がもう》郡に百済の男女七百人を置き、その前年の六六八年と後の六七〇年には天皇自身、大津から真東に当る蒲生野に幸している。六六九年は功臣、藤原鎌足薨去《こうきよ》の年である。或いはこれは鎌足を東へ新生させるための呪術ではなかったろうか。

2　天武天皇崩御における呪術

朱鳥改元と午日

天武天皇はその治世十五年の紀元六八六年九月九日に崩じた。二日後の九月十一日には殯《もがり》宮《のみや》が南庭に起《た》てられている。

この死に先立つ七月二十日、年号は俄《にわ》かに「朱鳥《あかみどり》」に改元されているが、この改元のことを『書紀』巻二十九は次の様に記している。

「秋七月戊午。改メテレ元ヲ曰ニ朱鳥元年一ト。仍テ名テレ宮ヲ曰ニ飛鳥浄御原宮一」

崩御の年月日、紀元六八六年九月九日を干支にかき直してみると、

「丙戌年戌月丙午《ひのえうま》日」

ということになる。一方、改元の年月日を同じく干支に直すと、

「丙戌年申月戊 午《つちのえうま》日」

である。どちらも午日《ごじつ》であるが、この二つの午《うま》の間にはどういう関係があるか。

天武天皇崩御の推理

左の図表のように改元のあった七月二十日戊午日から、崩御の九月九日丙午日までには、その間に、庚午、壬午、甲午の三つの午《うま》がある。各午の間は十二日であるから、改元の日から崩御の日までは併せて四十九日ということになる。

改元の月日	七月	二十日	申月戊午日
	八月	二日	酉月庚午日
	八月	十四日	酉月壬午日
	八月二十六日		酉月甲午日
崩御の月日	九月	九日	戌月丙午日

この四十九日は五つの午の経過の上に成立っている日数であって、しかも四十九というのは只の数ではない。それは仏教において死者の満中陰を指し、死における重要な数である。中陰とは中有と同義であって、その意味は次の通りである。

「中陰――中有（ちゅうう）ともいう。仏教の通俗的

学説によれば、生類の存在は生有（しょうう）、本有（ほんぬ）、死有、中有の四つからなり、われわれがこの世に生まれる最初の存在を生有、生まれてから死ぬまでの生涯を本有、死のせつなを死有、死んでから次の世に生まれるまでを中有という。中有の存在は一週間ないし最長七週間で、その間に次生が決定するといわれる。ゆえに死者がなるべく幸福なよい次生に生まれるために、七週間の間、その死者の冥福（めいふく）を祈って読経をする風習を生じた。四十九日を満中陰というのは、七週間たって中陰が満期となることを意味する。七週間たっても次生が決定しないことを、〈中有に迷う〉という」

（水野弘元『世界大百科事典』第十五巻、平凡社刊）

この重要な四十九という数が、天武天皇の死においては五つの午に亘って整然ととられている。もし崩御の前にこの改元が行われ、その四十九日後に崩御になったとしたら、それは偶然というには余りにも、意味ふかい数や日が揃いすぎている。

というのは、後述するがこの改元の日も、崩御されたという九月九日も只の日ではなく、それぞれ死者の再生の意がこめられている日なのであって、この二つの日が四十九日という日数でつながれていて、しかもこの四十九は仏教において死者再生のためにおかれている日数なのである。

「改元」「崩御」「その間の五つの午によって形成されている四十九日」、この三つのものの相関はあたかも計算してつくり上げられたもののようである。

只おかしく思われるのは四十九日の中陰とは死者の死後におかれているものであるが、天武天皇の場合、その四十九日を中陰の日数としてみるとき、理に合わない。その四十九日が崩御の前におかれているからである。当時の仏教の勢から考えると、天皇の死には当然この中陰が考慮に入れられるはずである。従ってこの四十九日は中陰を表わすと考えられる。それなら何故四十九日が崩御の前にとられているのだろう。

この謎をとくことは結局『書紀』に記載された天武天皇の死を推理することに関わってくる。それは作為に満ちていると思われるからである。

そこでこの推理は、天武の死に関する重要な二つの日、つまり「改元」と「崩御」の二つの日についてはじめられなければならない。

しかしこの二つの日を重要なものにしているその背景にあるものは、当時における死の観念である。古代日本人における生と死に対する考えは序章で述べたが、その概要をここに記し、それと仏教における死とのからみ合いを見、その上で改元と崩御とされている日の意味を探るのがこの謎ときの順序と思われる。重複になるが以下はその概要である。

(一)　日本原始信仰における死の意味

太陽と同じく東から西への動きにのって人はこの世に生れてくる。その東から西への動きをそのままにしておけば西へ沈む太陽と同じく、西という死の方位に行ってしまうであろ

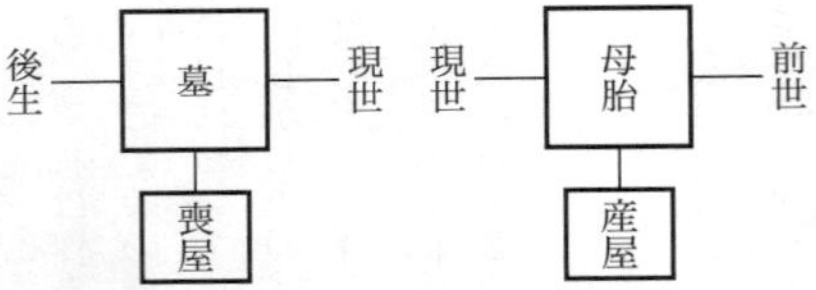

第二図　産屋・喪屋対照表

う。そこで東から西への動きを阻止するために、この世という「中」の場処に擬似母胎を整えて、そこに新生児をこもらせ、一定期間をここで過させた後に、この擬似母胎からもう一度呪術の誕生をし直させる。

西指向の動きを止め、新生児を中央にすくい取って「産屋」という擬似母胎にこもり直させ、この産屋から現世という中央に向って誕生し直させる。それ故、新生児にとってはこの産屋を出るときが呪術の誕生・新生なのであった。そこで呪術の誕生には呪術の仮親が必要であり、着物もこの時はじめて着せられ、名前ももしつけるならこの時点でつけられた。これが古代日本人の考えた「生」であったと私は考える。

「死」はこの「生」の逆方向としてとらえられた。そこで常世の国に帰るには、産屋に相当する「喪屋《もや》」（殯宮《もがりのみや》）という擬似母胎に暫く納まり、そこから誕生の際における真正の母の胎に相当する墓（洞窟・岩屋・谷などもふくめて広義の墓とする）に胎児としておさまって、東の常世に新生する、ということだったのではなかろうか（第二図参照）。

しかし単純素朴な古代信仰は時の推移と共に多少変化する。

貴人に対する厚葬の結果、墓（この墓はいわゆる陵墓）が立派に構築されるようになると、この死者における墓が生者における現世に対応し、墓は死者の死後の生活の場として存在するようになる。そこで現世と同じく、死者が上を仰げば星空があり、日月の運行も望み見られるように、陵墓の天井には日・月・星宿が描かれることになる。また生前の持物・衣類も手厚くここに納められる。

死者におけるこうした立派な墓は、生者における現世に相当する。生者における現世の前には、「産屋」という擬似母胎があった。それ故、墓に入る、或いは墓という後生《ごしょう》に新生するためには、産屋に相当する喪屋、殯宮が擬似母胎としてやはり必要であった。

墓を仏教で考えられている「来世」とすればこの「喪屋」又は「殯宮」の期間は「中有」に相当する。この意味で「殯《もがり》」と「中有」は重なり合うわけである。

ここまでの考え方を一度表にしてまとめてみよう（第三図参照）。

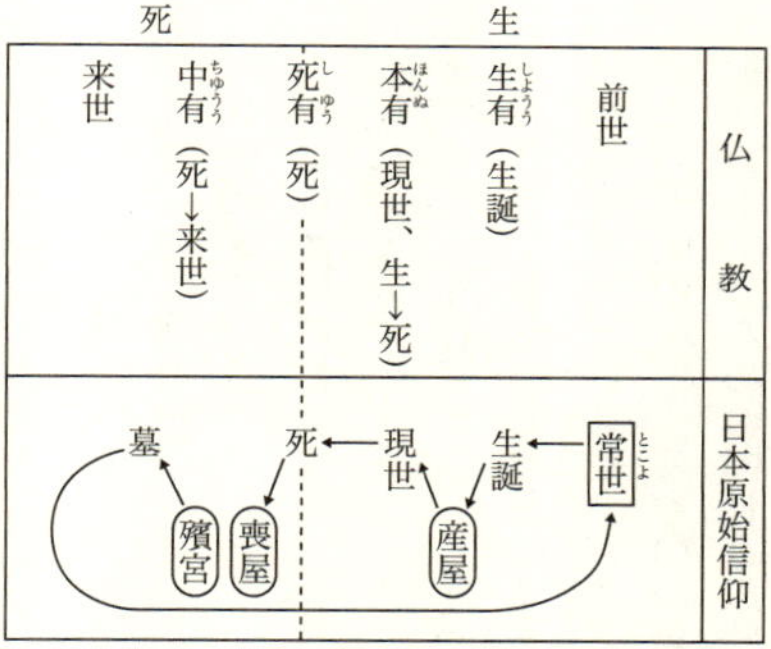

第三図

第二図のように、原始信仰における「喪屋《もや》」或い

は「殯宮《もがりのみや》」は「産屋」に対応するものである。

前述のように第一次真正母胎から誕生した新生児は、既に生まれていながら第二次擬似母胎の産屋に第二次胎児として納められ、そこから呪術的にこの世に生まれ直す。

それと同様に死者は既に死という現実の死を経《へ》ながら、つまり死の世界への生誕をしながら喪屋という擬似母胎に胎児として納められ、そこから更に来世に向って誕生し直す。

産屋にいる間の新生児が、まだ本当の生者でないと同様、喪屋《もや》における殯《もが》りの期間の死者はまだ本当の死者ではない。どっちつかずの中途半端な存在である。

その意味で原始信仰における殯《もが》りの期間は仏教の中有、中陰と一致する。

その状況は第三図の通りである。

殯りの期間の次にくるものが墓である。この墓は真正の生誕の際の真正の母胎に相当し次の世へ新生するための同じく母胎である。つまり死者は二度擬似母胎に潜むことになる。

しかし天皇・豪族のために立派な陵墓が構築されるようになると、それはもはや擬似母胎ではなくその陵墓は来世の一部と考えられ、そこに現世におけると同様、死者の死後の生活が想定される。これは大陸からの陵墓の影響であって、原始信仰には本来なかったものである。原始信仰における墓は、どこまでも擬似母胎で暗くせまい凹処であれば事足りた。それは常世への新生のための一時的のこもり場処であったからである。

しかし墓が来世の一部として、死者の死後の生活の場として装飾されるようになったとしても、それは日本の場合、死者の終の棲処《すみか》ではなかった筈である。死者は最終的には常世に帰るべきものなのである。墓がいかに壮麗に装飾されようと、そこは死者にとって仮の住居であって、いつかはそこから出てゆかなくてはならない。そのために陵墓内の壁画は動きを示す構想の下に画かれる。高松塚壁画の女人群像はかなり足早に墓の出口、南方を志している。それは死者をこの墓の世界に留めてはならないことを暗示する。墓の入口は南・火の位《くらい》であり座である。火は女陰で、その女陰から死者は更に常世に向って生れ直す。その路線に死者はのらねばならない。

高松塚壁画はほぼそれと同時代と推定される唐の永泰公主《えいたいこうしゅ》陵墓の壁画と比較される。両者は非常によく似通いながらしかも違っている。その違いの一番大きな点は永泰公主陵の壁画群像が静止の状態であるのに対し、高松塚壁画の女人像には動きがみられる、ということである。

それは偏《ひとえ》に日本原始信仰における死のもつ意義が営陵の中に息づいているからであって、墓を擬似母胎として死者を常世に送りだす手段の一時期にあるものとして扱っていることに依《よ》る。

なお高松塚壁画には北斗七星が画かれていない。これは一つの謎とされているが、北斗はその動くことから車になぞらえられている星である。墓を出た死者の常世までの乗りもの、それが北斗七星に負わされているのではなかろうか。それならば北斗は天上にあっては困るのである。

壁画の奥の女人像は死者をその中にかくして南の出口に向い、墓の南口に集結している男性群像は更に東方へ旅立とうとする主人に従おうとして待機の姿勢にある様子を表わしているのではなかろうか（高松塚壁画については次節私見高松塚壁画で詳述する）。

以上が第三図の解説である。

(二)　天武天皇朱鳥元年改元の考察

『書紀』巻二十九の改元の条は前にも引用したように、

「秋七月戊午。改《メテ》レ元《ヲ》曰二朱鳥元年《ト》一。仍《テ》名《テ》レ宮《ヲ》曰二飛鳥浄御原宮一」（傍点筆者）

とある。これをそのまま現代国語にいいかえれば、

「秋七月二十日、朱鳥元年と改元した。それだから皇居も同じ日に飛鳥浄御原宮と名附けられた」

ということになる。改元と宮の呼称の間には一種の因果関係があって、何か切り離せないものがこの二者の間にはあるようである。

天武天皇の皇居が「飛鳥浄御原宮」であるということは『書紀』巻二十八に、

「是歳（六七二年）営二宮室於崗本宮南一。即冬遷以居《マス》焉。是《ヲ》謂二飛鳥浄御原宮一」

とあって、この時（天武元年）に既にそのように呼ばれていたようでもある。しかしそれな

らば何故、治世の最晩年、崩御の年になって行われた改元と同じ日に、こと改めて新しくこの天皇の皇居が「浄御原宮」と名づけられた、と正史に記載する必要があったのだろう。しかも「朱鳥と改元した。それ故、同じ日に宮も飛鳥浄御原宮と名づけられた」という書振りなのである。

恐らく「浄御原宮」の名称は「朱鳥」という改元と切り離せないものであって、改元の時点において、この巻二十九における記載通り名づけられたものであろう。即位元年の頃にはこの名称はなかった筈である。

『書紀』のこの改元に関する記載は、明らかに「朱鳥」と「飛鳥浄御原」の二つの名称が互いに切り離すことの出来ぬワンセットとして取扱われていることを意味している。それなら何故この二つが相関連しあっているのだろう。

「朱鳥」は年号であって時間に関わり、「浄御原」は宮名であって場処にかかわるものである。この二者の間にはそれだから緊密な関係は成立しにくい、と一般には考えられる。しかし第一章でも述べたように陰陽五行においては時と処、時間と空間は常に互いに密接に関連しあうのである。

「浄御《きよみ》原《はら》」とは文字通りこのまま解釈しても少しも差支えない名称である。しかし「原」は同時に「腹」「胎」でもあって、「浄御原」は従って「浄御胎」とも書きかえられるのである。それは「神聖な胎」の意である。

名	年号（時間）	皇居名（空間）
名	朱鳥	浄御原宮
方位	南（午の方）	北（子の方）
五行	火（火処《ほと》）	水・坎・胎
象徴其一	女陰（出口）	清浄な胎（妊）
其二	外	内

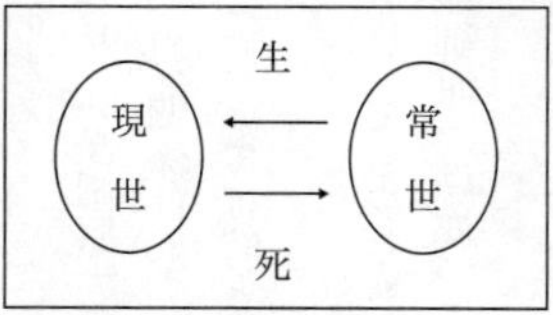

一方、「朱鳥《あかみどり》」は「朱雀」であって、朱雀は東の青竜、西の白虎、北の玄武と並んで四神の一つであり、南方を象徴する。南は五行において「火」の配されている方位であり、竈《かまど》の座である。日本原始信仰において火は「女陰」にあるものとされている。

六八六年の七月二十日は午《うま》の日であった。午は南を意味する。この南を意味する日に、同じく南を象徴する「朱鳥」に改元された。それはこの改元によって新しく南方に、午《うま》の方《かた》に女陰の口が開かれた、或いは設定されたということにならないだろうか。

この改元によって南方に口が開かれたのに対し、天皇のこれまで住まってこられた皇居は当然北方となるが、この皇居が「神聖な胎」と名づけられたのである。

「胎」は「坎」「穴」であって北方を意味し、この北方は十二支でいえば「子《ね》」。「子《ね》」は「孳《ふえ》る」ということで生殖がその事象である。十干でいえば北方は「壬《みずのえ》・癸《みずのと》」。この「壬」は「妊」で胎児の妊《みごも》られた象をさす。

「朱鳥」という改元の意味するものは、天武天皇治世最終年に、天皇の支配下にある「年」

という時間に、南方を象徴する朱鳥という名が新しくつけられたということ、同時に場処に対する命名としては、天皇がその中に長くこもってこられた「皇居」或いは「都」に、「神聖な胎」という名号が新しくつけられたということ、なのである。

命名とは裏返して考えれば、そこに名附けの対象となったものの新たな設定ということである。

七月二十日の改元に先立つこと五日、七月十五日には「天下之事、不レ問二大小一。悉ク啓《モウ》セ二于皇后及皇太子一」という詔勅が出ている。

それは祭政において絶対権力をもつ天皇が既にその大権を行使する力がなく、危篤の状態にあることを示している。

「浄御原対朱鳥」の関係は「北対南」「子《ね》対午《うま》」の関係にあり、この「子《ね》対午《うま》」の関係はこの天皇危篤の時点においては、胎児としての死者を妊《みごも》る「神聖な胎」と、その死者新生のための出口、「女陰」との関係として受取られるのである。

この関連を図表にしてみると前頁のようになる。

改元によって象徴されるものは北対南、水対火、胎《はら》対陰《ほと》、内対外の関係であり、これは胎児の新生を暗示する。

原始信仰における死は、生と逆方向においてとらえられ、しかも新生という点では両者は本質的にはひとしい。

天武天皇の改元は天皇の危篤状態におちいった直後に行われている。そのような時点における新生を暗示する改元は、即ち天皇の死を暗示しているものではなかろうか。

(三)　天武天皇十五年九月九日崩御の考察

「九月丙午。天皇ノ病遂不レ差《イエタマハズ》。崩二于正宮《オオミヤ》一。戊申。始テ発レ哭《ミネタテマツル》。則起ツ二殯ノ宮ヲ於南庭ニ一」

（『日本書紀』巻二十九）

「朱鳥元年九月丙午」に天武天皇は正宮において崩御になり、戊申《つちのえさる》の日に殯宮《もがりのみや》が南庭に設けられた、と記されている。

崩御の年月日は書き直すと次のようになる。

紀元六八六年九月九日（丙午日）。

九月九日というのは重陽の節供である。そうして六八六年の九月九日は丙午《ひのえうま》の日に当った。そこで崩御の日の考察に当ってはまずこの重陽の節供、及び丙午日の意味を考えることが必要であろう。

重陽《ちょうよう》――「陰暦九月九日の節句をいう。九を陽数の極とするので、陽数の重なる日として重陽といい、重九ともいう。中国では六朝《りくちょう》の末に桓景というものが費長房の忠告にしたがって袋に茱萸《ぐみ》を入れ、山に登って菊酒を飲んで災厄をのがれたという伝説にはじまるという。後世この日に悪気をさけ初寒をふせぐという茱萸を飾り、高所にのぼって、長生の効能があるという菊花酒を飲み、長寿を願い災難を払う風俗を生んだという。……中国のこの風習は日本にも伝わり、菊花の宴ともよんで天武天皇のころから行われるようになった。『西宮記』には、天皇出御のもとに紫宸殿で行われ、御帳の左右に茱萸の袋をかけ、御前に菊をさした花びんをおき、王卿以下が詩をつくり、終ってから氷魚《ひお》や菊の花を酒に浮かせた菊酒を賜わった。……」

（秋田成明・鈴木敬三『世界大百科事典』第十五巻、平凡社刊）

丙午《ひのえうま》――「丙」は十干で「火の兄《ひのえ》」火気を、「午《うま》」は十二支で北の「子《ね》」に対し南を表わす。「午」は月にとれば五月であるが、この卦象は「䷫」で、子の月の十一月の卦象、「䷗」に相対するのである。子の月の象徴する一陽来復は、陰が尽きて一陽の萌すのに対し、午の月は既に陽が尽きて一陰の萌すことを象徴する。「子《ね》」が無から有への生気を示すのに対し、「午」は有から無への剋気、死気を象徴する。

九紫火気《きゆうしかき》――九星において「九」の意味するものは「九紫火気」である。

しかし九月九日には実は更に深い意味がある。即ち、陰陽五行には、「三合の理」という重要な法則があり、この法則は木火土金水の五気のいずれにも当てはめられている。

火気についていえば「午《うま》」を中心に、その前の「寅《とら》」、その後《うしろ》の「戌《いぬ》」の三支を併《あわ》せて、

第四図　午の三合（火気の三合）
寅……生、午……旺、戌……墓。寅・午・戌の三支はすべて火気となる。

この合《ごう》を「火の三合」或いは「午の三合」とする（上図参照、なお本文二八九頁第五図は水気の三合図なので併せて参照されたい）。

そうしてこの場合、

寅を……生

午を……旺

戌を……墓

とする。ところで、

寅は……正月（生）

午は……五月（旺）

戌は……九月（墓）

なので、正月は「火の始」、五月は「火の旺《さかり》」、九月は「火の死」ということになる。万物はこの生旺墓の輪廻をくり返すことによって、その永生が保証される。従って火徳の天武天皇の崩御の時として九月九日にまさるものはないのである。

陰陽五行における九月九日丙午日　先に引いた定義のように、九月九日は中国における重陽の節供に当り、長寿を祝う日であった。この風習が日本に伝来して、宮中においてもこの節供の行事が行われたのは他ならぬこの天武朝であったという。九月九日は極陽の九が重なり、最も強固な日であるが、その一面、登りつめたものは下がる、極《きわ》まれば欠けるのであって、極陽はいわば転機に当る。そこでこういう時には専ら慎重にして生命についてはその長久を祈念することになったものであろう。

五行における「九月九日丙午日」は火徳を象徴し、壮んな象ではあるが、その方向は有から無への方向であって、剋気、死気である。しかしそれは生と死、相生と相剋をくり返す永遠の輪廻の相の下においてみられるべき死気、剋気であって、いわば輪廻の一環、永遠への出口を象徴するものである。

原始信仰における九月九日丙午日　以上みてくると五行においてこの九月九日丙午日は火徳のさかんな日である。

日本原始信仰では火は女陰を象徴する。女神、伊邪那美命の胎は国や神々を生んだその最終に火を生み出したが、そのことがその死因となっている。しかしその死からはもっとも強烈な雷神が生み出される。雷は「震」であり、五行における東方を象徴し、ものごとの創始を司どる方位を示す。日本原始信仰、日本神話の中には五行がふかく入っていると思われるが、要するに日本原始信仰において女陰は物事のはじめであって終り、終りであって又始めを創り出すところと考えられていて、女陰はそのいみで常に死とふかい関わり合いをもつ。女陰は生者のみならず、死者にとっても新生への出口なのである。

九月九日丙午日が象徴することは大体以上のような事象であり、思想である。

九月九日丙午日は死者への回向《えこう》を果す条件を悉く備えた最良の日であった。それは永遠の相の下に、永遠の輪廻の中にその死を置き、死者に永遠の寿を約束するかのような日であった。

そうしてこの死者に対する永生・永遠の保証は、この南方火気を意味する崩御の日取りに対し、二年後に廻ってくる北方水気を意味する子《ね》の年、子《ね》の月の大葬を以て完成するのである。

(四) 謎を追って

ここまで推理を進めてくると疑いは次第にふくらんでくる。というのは崩御の日とされている日を、そのまま真実として受けとるには余りにも話が出来すぎているからである。しかしこれも同様に改元の日とされている日との関連において考えるとき、いよいよ疑いは深まってくる。先にあげた図表をもう一度見ることにしよう。

改元の日　七月　二十日戊午
　　　　　八月　二日庚午
　　　　　八月　十四日壬午
　　　　　八月二十六日甲午
崩御の日　九月　九日丙午

これは全く見事な五つの午揃えであって、南方火気を意識しているとしか思われない。しかも「五」はこもりを表わす数である。又この初の午から終の午迄の日数が仏教の満中陰に相当することも見落せない。

天武天皇の「九月九日丙午」は「呪術の命日」ではなかったろうか。そうして「本当の崩御」は改元のあった七月二十日前後ではなかったろうか。

そこで私は次のように推理する。本当に崩御のあった時点で、皇后はじめ陰陽寮の役人・僧侶其他が急遽鳩首《きゆうしゆ》協議した。そうしていろいろと占《うらな》い合せた結果、「九月九日丙午日」が崩御の日として呪術的に最高の日であることが判った。最高の日というわけは前述の通りである。そこで九月九日を発喪の日と定めそれまで天皇の喪を秘することにしたのである。

一方、九月九日からさかのぼって四十九日の七月二十日を改元の日としたのであるが、それが本当の崩御の日でないとしても、恐らくそれに至極近い日であった筈である。

天武天皇の死の際におけるこの改元は、死者新生のための「胎」と「女陰」の新設を意味する呪術であった。従って表向きには喪を秘しているが、この改元によって、天武天皇の崩御は呪術の上からは認《みとめ》られたことになり、天皇を本当の死の時点において死者として扱っていることになる。というのが当事者達の思考の底にあるものではなかったろうか。

天皇は六八六年五月二十四日に発病しているが、五月・六月には確実に存命である。それ

天武天皇の崩御			
表面		裏面	
呪術	崩御	現実	崩御
七月二十日戊(午)日	朱鳥と改元	七月二十日戊午	崩御
		庚午	中有（中陰）四十九日間
		壬午	読経
		甲午	供養 法要
九月九日(丙)午日	崩御発表	九月九日　丙午	満中陰。忌明。
九月十一日戊甲	殯宮を南庭に起つ	上と同じ	上と同じ
九月二十四日辛酉	南庭に殯し、即ち発哀	上と同じ	上と同じ
	殯期間二年二ヵ月		
688 戊子			
十一月四日戊(午)	皇太子以下百官殯宮にて慟哭	上と同じ	
十一月十一日乙丑（子月）	大内陵に葬	上と同じ	

第五図

は五月末に川原寺で薬師経が読誦され、六月十日、天皇の病に祟《たた》っているとされ、草薙剣が即日、熱田宮に奉還されていることなどからも論証されよう。

しかし七月になると世の中は急に遽《あわ》だしく七月十日には落雷による庁舎の炎上、十五日には「天下之事、不レ問二大小一。悉ク啓《モウ》セ二于皇后及皇太子一ニ」という詔勅が出て、大赦が行われている。

恐らくこの詔勅の出された日が危篤で、この後、幾日もたたぬ中に崩御になったと思われる。そうしてこの辺りに一、二日のズレがあるとしても、七月二十日改元の日を本当の崩御の日とすると、それから四十九日後の九月九日は満中陰の忌明けとなるではないか。そうすれば、原始信仰に基づく神道を本旨とする宮廷では、表立っては絶対に執行《とりおこな》えない中陰の法要も、さりげなく並の法要の体裁の下に、この改元から崩御の日とされている九月九日までの間に、存分に行なうことが出来るのである。

それを裏書きするかのように、七月二十日から九月九日に至る間の『書紀』の内容は、天皇の為の読経・供養・施与・浄行人の出家などの記事で埋めつくされている。

こうしたいわば抹香くさい仏教行事は当然この際、中陰の法要とみなされるのである。それは九月九日以降になると、この壮んな法要の記録は急になくなり、入替りに、殯宮における殯りの記事で満たされるようになるのと全く対照的である。

この真実の崩御と呪術とのカラクリは表にしてみると一層明白になる（第五図参照）。

(五)　本当の崩御の日はいつか

それでは序《つい》でのことに天武天皇の本当の崩御の日はいつだったかを考えよう。先に一、二日のズレはあろうが七月二十日を一応現実の崩御の日と考えるといって図表を組立てたのであるが、七月二十日は午の日であってやはり呪術の空々《そらぞら》しさが痛切に実感される。

この推理に一つ手がかりとなることがある。それは『天智紀四年』の「間人《はしひと》大后二月二十五日薨去」につづく「三月一日大后の為に三百三十人を出家させた」という記事である。旧二月は大の月であるから三月一日はその初七日に当る。初七日の字は見当らないが疑いもなくこれは初七という中陰中の最も重要な日に三百三十人という大量の人をその回向のために出家させていることを意味していると思われる。

天武天皇の場合、朱鳥元年七月二十日改元の記事にすぐつづいて「丙寅（七月二十八日）選ビ二浄行者七十人一ヲ以テ出家セシム。乃《スナハチ》設ク二斎《トキ》ヲ於宮中御窟院《ミムロノマチ》一」とある。

これは間人皇后の初七日の記事によく対応する。七十人の「七」は初七の七と同時に、天武天皇が生涯撰用した十二支七番目の午を象徴していると思われる。七十人を出家させ、宮中の御窟院に斎《とき》を設ける。というのは盛んな初七日の法要を叙しているものであろう。御窟院《みむろのまち》というのも改元に際しての宮の命名、浄御原の胎《はら》と一致する。ハラはホラ、ムロと同義と思われるからである。

七月二十八日を初七日とすれば、崩御は七月二十二日ということになる。七月二十日改元日より二日ズレているが、私は右の理由によってこの日を本当の崩御の日と推定する。

天武天皇大内陵の推理

(一)　南方営陵の謎について

天武・持統両天皇が合葬されている大内陵は藤原京の真南にあり、朱雀大路の延長線上にある。

天武天皇が大内陵に埋葬されたのはその崩御二年二ヵ月の六八八年十一月十一日である。この年月日は干支記年法によれば戊子《つちのえね》年子月乙丑日《きのとうしのひ》ということになる。埋葬の年と月という「時間」に「子《ね》」が撰用されていることは子《ね》の重視に他ならない。時間に子がとられているならば方位という「空間」にも子《ね》が撰用されてよさそうなものである。

事実、太極を示し、新生を象徴する北の方位は五行思想の本家の中国では夙《はや》くから注目され、帝王の陵墓は多く北部に営まれ、南に築かれる例はまずないといわれている。

陰陽五行思想受入れ最盛期にあった白鳳期の天武・持統・文武の三帝陵が北郊でなく、首都の真南に営まれたのは何故か。

それはくり返しのべて来たように、天武朝において日本原始信仰と五行思想がもっともよく習合された結果と私は考える。この時代の思想は記紀の神話の中に色濃く出ていると思われるが、それによれば女陰は生と死の二つに相通の口なのである。そうして五行思想において南が火の位になっている。

そこで朱鳥の改元にもみられたように、北が胎とされ、南がその出口と意識されたのであった。

そこで擬似母胎としての「都」を北にして、その南に死者新生の出口として、陵墓が築かれる。その陵墓の中は又、北を奥として南に出入口が設けられるのである。呪術はいく重にもこのように積重ねられるのであった。

しかし南はどこまでも火処《ほと》として、出口としての効用をもつもので死者最終の目標ではない。既述のようにその陰《ほと》を含めて伊邪那美命の遺体からは、東方木気を象徴する雷神達が誕生している。死者の終《つい》の棲処《すみか》は東方の常世国である。

(二) 子の年・子の月の埋葬

話を天武天皇大内陵埋葬に戻そう。

天武天皇は崩御二年二ヵ月に亘る殯《もが》りの後に、六八八年(子の年)十一月(子の月)十一日、藤原京の正南、大内陵に葬られた。この埋葬が時間において北の「子《ね》」、場処において南の「午《うま》」が撰びとられていることは前にもいったように明らかである。

しかしここに問題が一つある。それは大内陵は藤原京の正南ではあるが、天武天皇の首都、浄御原宮所在地の正南ではない。正南どころか、南の中にも入らない。

浄御原宮趾と伝えられている地が正確であるならば大内陵はそこから南へ三〇度の地点にあり、これは「未《ひつじ》」の方となる。

方位は三六〇度を八等分してそれを八方位に割当てると、一方位は四五度を占めることになる。

もし天武天皇が現在地の大内陵に最初から葬られたものならば、天皇は子《ね》年子月《ねのつき》に「西南」つまり「未《ひつじ》」の方に葬られたことになる。

「子」に対する「午」は、胎に対する出口、の関係にあり、この呪術はこの時代には絶対の法則にまで高められていたと思われる。子年子月に午の方に葬られてこそ、この時代を支配していた呪術は達成せられるのである。

(三)　仮説・天武天皇の改葬

私はここに一つの仮説をおいてこの問題を解いてみることにする。

それは現在、文武天皇陵と伝承されている処が最初の大内陵ではなかったかと推理するものである。

まず次頁の図を見て頂きたい。この図は天武天皇の首都、浄御原宮《きよみはら》を中心として、藤原宮と文武陵の三者の関連を、その方位と距離の関係において捉《とら》えることを目的としている。

図で明らかなように藤原宮は浄御原宮から北に二二・五度の地点にあり、それは浄御原宮から北、つまり「子《ね》の方」に当るギリギリの線上にある。

文武天皇陵は同じく浄御原宮から南に二二・五度の地点にあり、それは浄御原宮から南、つまり「午の方」に当るギリギリの線上にある。

持統天皇の遷都に午年が撰用され、その方位が北であって、ここに子午線が意図されていることはこの章の一五三頁、「近江遷都と藤原京遷都の比較」において述べた通りである。

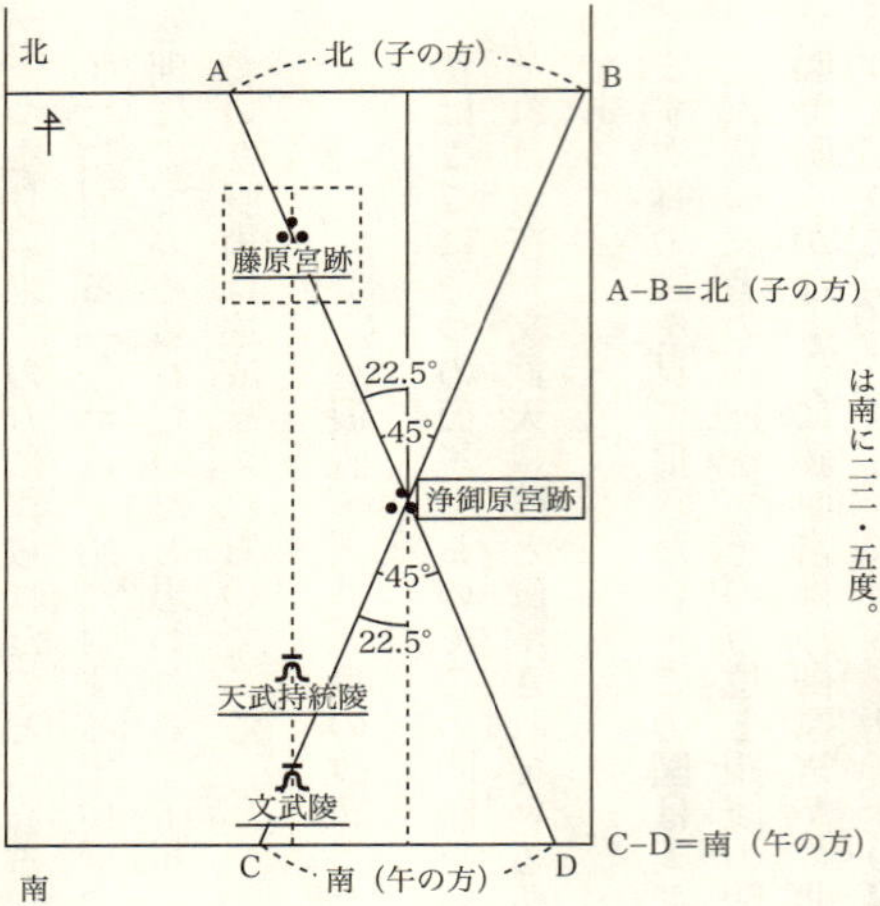

浄御原宮
藤原宮
文武陵
の関係

●浄御原を中心として藤原宮、文武陵共に四・五キロの距離にある。
●藤原宮と文武陵とは正南正北八・五キロの距離にある。
●藤原宮は浄御原宮の北にある。
●文武陵は浄御原宮の南にある。
藤原宮は北に二二・五度。文武陵は南に二二・五度。

天武天皇の営陵においても恐らく子午線が撰用されている筈である。埋葬の年に子《ね》年が取られている以上、その陵の方位は必ず南、午《うま》の方の筈である。しかしもし天武天皇が今日大内陵と伝えられている処に、子年に埋葬されたとしたなら、この場合、子午線は成立しない。現在の大内陵は浄御原宮から南に三〇度の地点にあり、これは未《ひつじ》の方ということになる。

　子の年の埋葬に見合う午の方の陵墓。その条件を満たすものは現今の文武陵なのである。

　もしこの文武陵を最初の大内陵とすれば、

	方位	時間
藤原遷都	子の方（北）	午の年
天武天皇営陵	午の方（南）	子の年

となって、両者の関係は地図と同じくここでも密接に関わり合うことになるのである。

藤原京と文武陵は浄御原宮から等距離、等角度を以て、首都の正中線上に南北に相対する。

この文武陵を最初の天武陵とすれば、次のような呪術が泛《うか》び上がる。

持統天皇は自分の遷都と、亡き夫の埋葬という二大行事を、その方位と時間とに「子午の線」を撰用することによって鮮やかに相対化させているということである。その相対化の意図は、浄御原宮を中心として地図を二つに折れば、藤原宮と文武陵はピタリと重なり合うことからも十分に窺い知られよう。

持統天皇の遷都とその亡夫の為の営陵は、「子午の線」撰用において時間的空間的に精密に計測された一分の隙もない呪術と思われるのである。

そこで最初の天武陵を今の文武陵だとすると、いくつかの問題が出てくる。

①天武天皇は現在の大内陵に改葬されたことになる。そのようなことがありうるか。

②文武陵が文字通り文武天皇陵ならば、文武天皇は既に造られてあった陵に埋葬されたことになる。それも可能か。

いる。

①について

天皇改葬は皆無ではない。用明天皇は磐余《いわれ》池上陵から推古朝に河内磯長《しなが》陵に改葬されている。

②について

厚葬を禁じた推古天皇は既に営まれてあった竹田皇子の陵に葬ることを遺詔している。要するに陵は絶対に変えられないものでもなく、また新しく営まれるべきものであったわけでもないのである。

それでは改葬はあり得ることだとしても、次にそれでは何故改葬が必要とされたのかということになる。

その理由としては一応二通りの考え方が可能である。その第一は草壁皇子の急死、第二は改葬は当初から予定されていた、ということである。

仮説第一・草壁皇子急死による改葬

持統三年（六八九）、皇太子草壁が急逝した。彼は天皇最愛の皇子であり、その皇位継承のために持統天皇は大津皇子を亡きものにさえしたのである。呪術に凝っていた持統天皇はこの皇子に対して恐らく呪術的に最上の陵墓を用意したかったのではなかろうか。最上の陵とは、首都浄御原宮から午の方、南に当り、しかも自分の首都となるべき藤原京の真南、正中線上にある陵である。その条件を満たすものは最初の大内陵、つまり今の文武陵である。持統は亡き夫の眠る最初の大内陵に草壁皇子を合葬することにきめたのではなかろうか。

そうして持統五年卯年に、第二の大内陵、つまり現在の大内陵がこの文武陵から北に当る地点に新しく営まれ、恐らくその次の年、持統六年に天武天皇はここに改葬されたのではなかろうか。そうして持統は他日、この第二の大内陵に夫と合葬されることを期したのであった。

この改葬によって比類ない女大王、持統天皇は彼女の首都、藤原京の正中、南延長線上に先帝である夫と、未来の天皇であった筈のその皇子とを葬ることが出来たわけである。

持統六年（六九二）三月六日、天皇は神郡を含む伊勢巡行に出発、二十日に帰京している。この巡行を中納言三輪高市麻呂《みわのたけちまろ》は職を賭して二度に亘り忠諫《ちゅうかん》しているが持統天皇は耳を傾けず強行した。高市麻呂が反対した表面の理由は農繁期に百姓への労《いた》わりがない、ということである。

同じ年の五月二十三日、藤原宮の地鎮祭が行われている。

六月二十一日には「賜二フ直丁《ツカヘノヨボロ》八人ニ官位一ヲ。美下其造二大内陵一時ニ勤《イソシミテ》而不上レ懈《オコタラ》」とある。

持統六年の三月から六月に至る間の記事は天武天皇の改葬を暗示するように思われる。

伊勢は大和から真東、祖神の鎮座される東方の聖地である。三輪中納言の諫言の底にあるものは、聖地への天皇の行幸を忌避させねばならない切羽つまった何かのように思われる。

その何かとは信仰上の禁忌ではなかろうか。恐らく改葬とか墓いじりほど聖地を踏む前に忌まれなければならないものはなかろう。高市麻呂は天皇に神を畏れよと忠諫し、忌みを強要したのではなかろうか。しかし高市麻呂の諫言の原因となった改葬そのものが、反対に天皇には東方行を決意させているのである。従ってこの両者は合意に達するはずがない。

天皇は三月つまり巳《み》(蛇)月六日に出発した。しかも最初の予定は三日に出発の予定であった。三月三日は節供の日である。この日は家を外にして海辺に出、野遊びする日である。恐らくこれは蛇の脱皮にあやかり、新生をはかる呪術にもとづく行事ではなかろうか。

大内陵は二度つくられた。その二度目は現在の大内陵で、最初の大内陵、つまり現在の文武陵の北に営まれた。もし天武天皇の改葬が持統六年に行われたとすれば、最初の埋葬から五年後である。五年後に天武の遺体は北に移されたことになる。五年前、折角南方に葬り、南の出口から新生させたのに又、北方の胎に戻したことになる(この点では仮説第二によれば又別の見方も可能である。仮説第二参照)。そこで再び死者に新生の方向づけをする必要があった。死者新生の最終目的地は原始信仰では東方の常世である。そこで死者をあやからせるためにと、又自身の子《ね》の方への遷都に伴う卯《う》の方の祐気撰用をかねて持統天皇はあえて自らの東方行きを強行したのではなかったろうか。

三輪中納言は墓いじりの穢《けが》れを忌みもせず伊勢の地を犯すことと、農繁期の百姓人民を造墓のために使役することを、天皇に対して直諫したのであるが、事が呪術に関することなので天皇は一切耳を傾けなかった。

伊勢巡行の後、五月午月《うまのつき》に藤原京の地鎮祭が行なわれた。子《ね》の方における午《うま》の月の地鎮祭は子午線の撰用である。恐らく同じこの午の月に天武天皇も子の方に向って改葬されたのではなかろうか。

地鎮祭も改葬もすんで六月、大内陵構築に功のあったものの賞賜が行われた。

以上が私の解読する『持統紀』六年三月伊勢巡行、五月「藤原京地鎮祭」、六月「大内陵関係者の賞賜」記事である。

この推理の元をなしたものは、くり返し述べたように現在の大内陵が正確に天武陵であるならば、それは当時の首都、浄御原宮から南、午の方にならない。子《ね》の年の埋葬に対しては、午の方が葬地として撰用されなければならないということなのであって、その条件にかなうものは正に文武陵なのである。

持統天皇は執拗に呪術にこり、朱鳥の改元にも、自己の遷都にも執念ぶかく子午線を撰用している。彼女は自分を中心として、亡夫と死児を抱きかかえるようにしてその首都の南、次の世への新生を保証する午《うま》の方に葬りたかったのではなかろうか。その在位中、大和から南に当る吉野宮に三十三回も出かけたというのも新生への呪術のためであろう。

草壁陵は真弓丘とされている。現在の真弓は藤原京の西南である。しかし真弓の地をひろ

くとれば檜隈《ひのくま》の地に入り得るのである。草壁皇子の死を悼む舎人《とねり》の歌に、

夢にだに見ざりしものをおぼほしく宮出もするか佐日《さひ》の隈廻《くまみ》を

というのがある。ここには檜隈がよみこまれていて、檜隈の文武陵を草壁陵と考えることも不可能ではなかろう。

江戸期には現在の高松塚が文武陵とされていたという。文武陵が絶対に文武帝の陵ときめられない事情をそれは反映している。

仮説第二・改葬予定説

改葬予定の説は草壁皇子の急死と改葬は関係なしとするものである。天武天皇は浄御原宮から南に当る文武陵に呪術上の必要から埋葬されたが、その文武陵には当初から一時、仮の陵という意識が持統天皇によって持たれていた。

天武天皇の改葬は持統天皇が伊勢巡行した年の持統六年と推測したが、この年は天武天皇大葬から足掛け五年目である。五年の「五」という数は片手を閉じた形を表わし、こもりの期間の意味がある。浄御原の宮から南に出て、そこに五年を過せば十分に「気」を移し得たとして、更にそこから北に向けて現在の大内陵に改葬したのではなかろうか。現在の大内陵

は、より藤原京に近く、その地こそ最初から夫妻の陵地として定めてあった処だったのである。ただそこが浄御原宮から南の方角でないために一時便宜的に文武陵におさめ、そこに十分「気」を鎮めた後に改葬を執行したのである。この仮説第二からは更に推理されることがある。

この改葬は南から北に向うものである。南から北は「火生土《かしょうど》」と相生の道を示す。この火生土は更に、土生金《どしょうきん》、金生水《きんしょうすい》、水生木《すいしょうもく》、となって東の木気に通う（口絵A五行相生図参照）。

持統天皇の伊勢巡幸は天武天皇の霊を五行相生の軌道にのせ、東方に導く呪術の旅と思われる。その東方への旅は亡夫のためばかりでなく自身のためでもあった。というのは既述のように「こもり」をいみする北の子《ね》の方に遷都するからには、東方顕現の祐気をとる必要があったからである。

天武天皇を最初南に向って葬ったことは、火を女陰とする原始信仰に基づく新生のための呪術、更に改葬によって南から北に向って葬ったことは「相生《そうじょう》」の軌道にのせるための五行の哲理に基づく呪術である。

仮説第二によって天武天皇の二度の埋葬を推理すれば、そこに原始信仰と五行思想に基づく呪術の双方とも捨てられず、二つながら生かし習合しようという持統天皇の異常なまでの執念が感じられるのである。

第一、第二の仮説のいずれをとるとしても、改葬そのものについて私は疑わない。それは天武・持統両天皇にとって南を埋葬の方位とすることが至上課題であったこと、現在の大内陵は浄御原宮から南の方位には当っていないこと、の二つを重視するからである。

(四) 持統天皇の呪歌

燃ゆる火も取りてつつみて袋には入《い》るといはずや面《おも》知らなくも

北山にたなびく雲の青雲の星離《さか》りゆき月を離《さか》りて　（『万葉集』巻二）

右の二首は天武天皇の薨後、持統天皇の作歌として伝えられている。その意味は晦渋《かいじゅう》でとらえにくいが、最初の歌は火打石を入れる袋のことが詠まれているのであろう。とにかく火、つまり南がよみこまれている。このように解釈すると次の歌には北山《(北)》、青雲《(東)》、星《(中央)》、月《(西)》がよみこまれていることになり、この二首を一つにして解釈すると東・西・南・北・中央の五方位、つまり五行がよまれていて、南方の口から新生した天皇は北山にたなびく青雲のように星、月を離れて青の常世へゆく、という呪術歌ということにならないだろうか。大内陵の内壁には恐らく高松塚と同じように天井に星、東西壁に日月が画かれ、奥の北側には北山が描いてあって、その北山には北魏石棺の線刻画にみられるような（『高松塚壁画古墳』九五頁、朝日新聞社刊）横雲が懸っている、と思われる。

その雲は青く常世を指しているという構図ではなかろうか。

(五)　持統・文武両天皇の葬礼

天武天皇の葬礼は原始信仰・陰陽五行・仏教の三つのからみ合いの上に成立つ呪術の葬《はふ》りであり、その複雑な様相は推理の過程で、概観した通りである。

この様な葬礼を演出し実行したのは持統天皇であり、それは要するに持統天皇の事業であった。従って持統天皇がいかに偉大な帝王であってもその後継者に天武天皇における彼女の様な人が得られなければその葬礼は薄いものとなろう。

持統・文武両天皇はいずれも薄葬を遺詔している。それが事実か否かは知る由もないが、天武帝の葬礼にうんざりしたに違いない人々は、その遺詔に従っている。しかしさすがに持統天皇には癸卯年《みずのとうのとし》が翌年廻ってくるのを待って丸一年の殯《もが》りの期間を取り、十二月十七日火葬、二十六日（壬午《みずのえうま》）大内陵に合葬ということになっている。『続日本紀』の文武天皇大宝二年十二月二十二日持統天皇崩御の記事につづいて翌二十三日「殯宮ヲ作ル」とあり、同じく大宝三年二月十一日「是日当ル二太上天皇ノ七七ニ一」と明記されているから、殯りと中陰は平行して執り行われたことがわかる。

文武天皇は七〇七年六月十五日崩御、同じ年の十一月十二日（子月丙午日）に火葬、その間僅《わず》かに五ヵ月である。崩御の記事につづいて殯宮のこと、及び「自《ヨ》リ二初七一至ルマデ二七七ニ一於ニ四大寺一設クレ斎ヲ焉」（『続日本紀』巻三）ということが記され、ここには初七日から判然《はっきり》とその法要が明記されている。

それは一見何でもないことのようではあるが、天武天皇の場合、呪術崩御を設定してまで、中陰の法要を表面から伏せてしまったことを考え合せれば、当事者達にとって隔世の感の催されることだったろう。それは原始信仰の衰退と仏教の興隆、事を簡単に運ぼうとする合理主義の浸透を意味し、そうした傾向に拍車をかけたものが皮肉にも持統天皇によって采配をふられた天武天皇の、呪術の限りをつくした葬礼だったと思われる。

3　私見高松塚壁画

高松塚壁画の概要

高松塚壁画の概要は次の通りである。

石槨《せっかく》の天井の中央には北極の五星と、それを囲む四輔が描かれ、その周囲には東方七宿、西方七宿、南方七宿、北方七宿の二十八宿が整然と描かれている。

石槨の四囲の壁には東壁に太陽、西壁に太陰（月）が描かれているが、同時に東壁には東方七宿を象徴する青竜、西壁には西方七宿を象徴する白虎、北壁には北方七宿を象徴する玄武（蛇と亀、この蛇は本来中央の黄竜であって、それが北方に移され、併せて画かれたと思われる）が描かれている。南方の朱雀は壁の欠損のため見当らないという。

同じくこの東壁と西壁には四人ずつの男女群像、総計十六人が、手前と奥に画かれている。この中でも西壁奥側と東壁奥側の女性群像、その中でも西壁奥側の女性群像が保存もよく、とくに秀れていることは周知の通りである。

以上が高松塚壁画の概要であるが、既に多くの識者によって指摘されているように、天井に描かれている二十八宿は赤道に沿った星座で本来方位に関係ないが、ただ陰陽五行説に基づいて東西南北の方位に割当てられたものだといわれている。従ってその各七宿を象徴する四神もまた陰陽五行説の所産なのである。

それならばこの男女の群像も死者生存中の侍臣、侍女たちであるとか、葬送儀礼を表現するものとかいう解釈のほかに、何か陰陽五行に基づく哲理象徴の呪術像としてとらえることもまた可能なのではなかろうか。

取分けこの女性群像の色彩、およびその色彩の配置から、そこに日本古代信仰と陰陽五行思想の習合がうかがわれるのではあるまいか。以下はこの観点に立っての推理である。

墓の意味

高松塚古墳はいうまでもなく墓である。

墓のもつ原理をさぐるためには古代日本人の死生観をみなければならないが、それは単純明快で私は次のように考える。

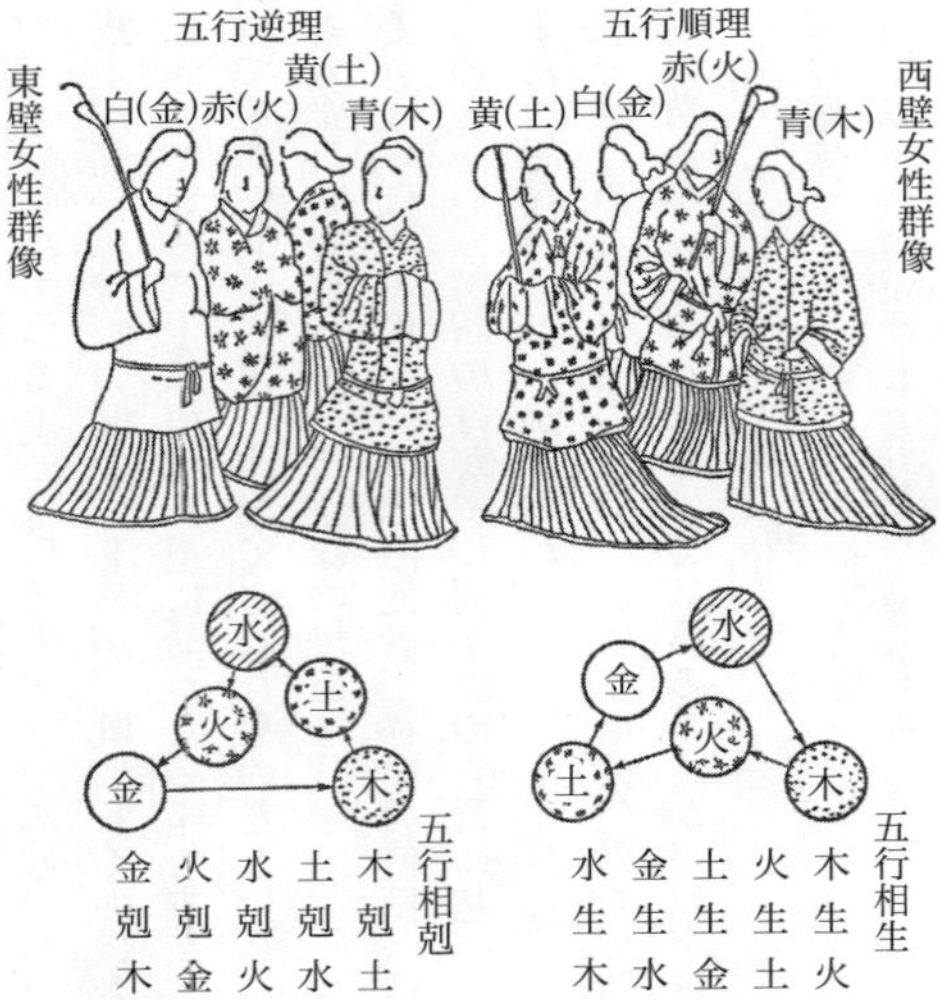

第六図

「人の生命は陰陽交合の結果、母の胎に萌《きざ》す。この生命がこの世においてもえつきた状態が死であるが、輪廻の法からすれば生命は復活すべきものであって、死者は再び常世国に生まれ出ようとする接点にあり、いわば次の世に生まれ出るべきものの萌芽である。墓は(洞も穴も岩屋もすべてふくめて)死者という胎児を納める擬似母胎である」

この胎児が出来るにはその前提として性交が必要であるが、北壁の蛇と亀のからみあった玄武像に、陰陽交合の相がみられるのである。

この北壁を取囲む形をなしてい

るのが、東壁と西壁の女性群像であって、この墓の北の奥を占める女性群像に対し、反対の南の墓の入口を取囲むものが同じく東西両壁の男性群像である。

南は午《うま》の方、本来陽の方位でありながら、北の胎に対して女陰に比定されるようになったことは既述の通りである。それ故墓の入口は男根の出入りを暗示するところであるがそこに男性群を配しているのは意味深長な配慮である。

胎児の原理は入った口から必ず出てくる、というものである。その意味で遺体の頭は南枕であったはずである。

また女性群の一人一人が様々の向きをとりながら、全体的にみると入口の南方を目指し、スカートも、その手にしている「さしは」の向きもすべて南を指しているのは、胎児としての死者が、その葬られた墓の南の口から再び新生すべきものであることを示唆している。

以上が墓及び女性群像の意味していると思われるものであるが、先述の五行の色彩を考え合わせると推理はこれだけでは終えられない。

呪術はいく重にもたたみ込まれているからである。

女性群像にみる呪術

五行における相生・相剋の理は口絵ABに図示した通りである。この二つの哲理を東壁と西壁の女性群像にあてはめてみると、西壁が相生、東壁が相剋を示しているように思われる。

西壁女性群像の意味するもの　この四人の女性は右から順に青・赤・黄と並び、それから背後に白となっている。

この色を五行に還元すれば、木・火・土・金となるが、これは「木生火《もくしょうか》」、「火生土《かしょうど》」、「土《ど》生金《しょうきん》」の相生を示す順位である。

そこで「赤」の背後に虚位、◯を置き、これを「水」とすれば、ここに「金生水《きんしょうすい》」、「水《すい》生木《しょうもく》」という五行相生の象《すがた》が、三角形を画いて顕現してくるのである。

東壁女性群像の意味するもの　ここでは一番手前の青の女性に、黄の女性が背中合せに密着している。全く奇怪な図柄であるが、これは互いに相剋しあっている姿ではなかろうか。そうすればこの二者の関係は「木剋土《もくこくど》」と解読される。そうして西壁女性群像におけると同様、赤色女性の背後に虚位、◯を想定し、この虚位を占めるものを同じく「水」とすれば、「土剋水《どこくすい》」の関係が得られ、ついで色の順に従って、「水剋火」「火剋金」と進み、はじめの「木」に戻って「金剋木」となり、ここに五行相剋の象《すがた》が三角形を画いて現出する。

こうして西壁と東壁の女性群像の中に相生と相剋の理が、象徴的に画かれていると私は考える。

宇宙間の現象は相生・相剋があって輪廻・転生が可能であり、人間も又この法則から脱《のが》れられず、生者は死し、死者は甦《よみが》えるのである。

かくされる死者　それでは何故、赤色火気の女性の陰に、水気をもった何者かをかくしてしまったのか。

図表解説を参考にすると北方水気の象徴するものは暗黒・胎・坎《あな》（穴）・妊《みごも》り・孳《ふえ》る、などである。

一方古代日本人の考え方は前述のように死は「陰」の極致であるが、陰が極まれば必ず「陽」が萌す、という理法によって死者は間髪をいれず他界への新生の萌芽そのものとなる。つまり墓という擬似母胎の胎児が死者である、ということになると私は思う。

胎児は母の胎内にふかくかくされていて目にみえる存在ではない。陰陽交合の所産で、生命の萌芽であり、草木の種子の中の生命同様、暗黒の胎内に潜んでいる。この胎児の本質は、五行における「水」気の象徴する処と全く一致している。とすれば女性群像の中にかくされている「水」気の何者かは、胎児としての死者、つまり高松塚古墳の被葬者に他《ほか》ならない。

そうしてこの被葬者は壁画の表面からは、かくされているが、実は新しく再生すべき命運の保持者、次の世に生まれるべき胎児として祝福されているのである。

虚位としての水気について　木・火・土・金・水の五行は五惑星から出たといわれる。この小論において赤色火気の女性の蔭にかくされているものは黒色水気であろうと推理したのであるが、この水気は星にとれば水星である。この五星、就中《なかんずく》水星については次のようにいわれている。

「春、東方でもっとも青い星は木星である。
夏、南方でもっとも赤い星は火星である。
土用に中央でもっとも黄色い星は土星である。
秋、西方でもっとも白い星は金星である。

という記載は実際の天象現象と全く一致する。しかし、冬、北方でもっとも黒い星は水星であるというのは天体現象と一致しない。何故ならば、水星は太陽の近くにあって冬は南方でもっとも低く現れる。しかも水星は太陽と出没を共にするから、水星は夜北方では地下にあり、夜空にみえない。著者の考えでは、この場合水星は虚に表現されている」（傍点筆者・藤田六朗『五行循環』一五頁）

このような水星における現象からも、この群像図の中に黒色水気が虚位の中にかくされているという推理は可能と思われる。

冬、地下にあって北方の夜空にみえない水星と同様、胎児としての死者を、穴・陰部・交合・水などの事象を負っている北方坎宮にかくしているのが、この女性群像図ではないかと思うのである。

墓の南方（午の方）指向について

高松塚には南方への志向が顕著であるが、それを箇条書きにしてみると次の三点にしぼられる。

①高松塚古墳の入口は南にあり、墓は南に向って開口している。それは南向きということである。

②高松塚壁画の女性群像はこの墓の入口、南に向ってかなり足早な動きをみせている。

③高松塚は天武・持統陵、及び文武天皇陵ほど正確に藤原京の朱雀大路延長線上にあるわけではないが、藤原京の略《ほぼ》、真南に当っている。

藤原京は紀元六九四年から七一〇年までの首都であった。高松塚被葬者の死はこの時代、つまり七〇〇年をはさむ前後であろうとの推論がもっとも支持されている。そうであるとすればこの被葬者も又これらの陵の被葬者達と同じく、北から南に向って都から送り出されたことになる。

つまり都からみての墓の方向、墓の造《つく》り、壁画にみられる女性群像の進行方向、の三点から、高松塚には南方指向が顕著である、と結論される。

その南指向を裏返してみれば、その大元には「北」が据えられている。「北」から「南」に向って、出ていくこと、それが南指向の背景をなしている。その出てゆくこと、とは死者の他界への新生である。

方形の墓石について

高松塚発見の端緒となったものは塚の南面に据えられていた方形の石であるという。この石の意味はいまだに謎である。私はこの石は、それが南に据えられていたこと、と方形であることから、女陰の造型である菱型石ではないかと推測している。

第四章　私見大嘗祭

1　柳田国男『祭日考』について

はじめに

一年の中で何時祭りが行われるかということは、祭りがどのようにして行われるかと共に、祭りの本質に関わる問題である。

柳田国男の『祭日考』は、祭りの時について詳細な考証を踏まえた論考である。柳田がそのような骨折を祭りの時期の考究に対して惜しまなかったことは、畢竟《ひっきょう》、それが祭りの本質に関わるからである。なお柳田のいう祭日とは狭義の祭りの日の意ではなく、ひろく祭りの時の意味である。

『祭日考』要旨

「寛平七年（八九五）十二月三日の太政官符からは、

①此の時代の氏神の祭りは二・四・十一月執行が通例であったこと

②氏神祭りは先祖の常祀

ということが推定出来る。これから十二年後の『延喜式四時祭式』にも京畿諸大社の例祭は毎年二・四・十一月と述べられている。これらの月以外に行われる祭りの主なものは六・十二月の宮中及び伊勢神宮に行われる祭り、及び九月の伊勢神宮大祭であって、十月には一つもない。

二・四・十一月といってもそれは一年に三度の祭りがあるわけではなく、

①二・十一月　②四・十一月　③四月のみ

の三つの型に大体わけられる。③の四月一回というのは固有の姿ではなく、本来祭りは春・秋（冬）二度の祭りが原則であったと思われる。

そこで次には二・十一月と、四・十一月の型とではどちらが古いのか、又は古くは併存したのかということが問題になってくる。

寛平七年の太政官符より二百年後に、事ある毎に朝廷から奉幣をうける近畿の社が二十二社に確定した。その二十二社の中では、二・十一月に祭りを行う神社が二社、四・十一月型が七社であるが、伊勢神宮を除く二十一社中、十五社は大体二・四・十一月の系列中にあると考えられる。

十一月の祭りというのは稲の収穫祭であって、それは本来は九月のはずであるが、その嘗とよばれた収穫後の祭りには永い物忌みの期間が必要であった。伊勢神宮には常勤の物忌の役があったからすぐ神祭が可能であった。それ故古来伊勢神宮の大祭は九月十七日なのである。それに対し農民はこの収穫祭に奉仕するのに適した精進状態に入るには一ヵ月以上もきびしい謹慎を経なければならぬとした。この九月の忌みの延長が十一月の祭り、つまり民間でいう霜月祭りの来由である。

一方春の祭りが二月又は四月となっている理由は、春に神を迎えるという心があるからである。宮中及び伊勢神宮では二月初旬が祈年祭の例日となっている。しかし二月四日というのは農事始としては早過る。これは本来物忌の始まる日で、それを明らかにするための儀式ではなかったろうか。二月の祭り開始の方を重くしていた時代から、祭り後の物忌のみが守られていた時代があり、追い追い終りの方へ祭りの中心を移したため、春の祭りは二月と四月という風に別れ別れになった。

以上が二・四・十一月が祭り月になっている理由である。

しかし時代の降るにつれて祭り月は大きく変化した。この変化には五つの段階が考えられる。

甲　二・十一月。四・十一月。

乙　二・十一月、四・十一月の外に更に一・二の祭りを加えている。

丙　両度の祭日の中、一は二・四又は十一月、他の一方は別の月。

丁　春秋両度とも又は年に一度、二・四・十一月でない月に祭りをしているもの（新暦後の祭りは大部分がこれである）。

戊　夏祭（夏を過ぎても）とにかく神を迎える日が夏の後にくるもの。

寛平七年、太政官符の出た時代は国内での氏神祭は原則として甲類の二・四・十一月であった。それが乙となり丙となったのは氏人、社会の変化の影響である。祭りの日は不変のはずで、これを変えるというのには相当のわけがあったはずで、それが明らかにされないのは学問の無力というものである」

以上が『祭日考』の要旨であるが、その結論は次のようになろう。

「古代において祭りは原則として春秋二回であって、太政官符の発令された十世紀の頃は、二・四・十一月が祭月として定められていた月であった。収穫期でもない厳冬の旧十一月が祭り月となっている理由は、九月からの厳重な物忌みの期間として二ヵ月を必要としたからである。それに対し春には神を迎えるという意識があり、二月が祭りの開始月であったが、それにつづく物忌みの期間がながく、その後の方が重視されて四月もまた祭月として固定し、こうして二・四・十一月の型が成立した」

ここから柳田の祭りの時期についての考察の根底にあるものを考えると、それは結局、次の三点にしぼられる。

①自然周期（春↓秋）と、稲作周期（播《は》種《しゅ》↓収穫）。
②この二つの周期に関連しての神迎え。
③この神迎えについての厳重な物忌み。

そこで問題は柳田が推理の基盤としているこの三点が妥当であるかどうか、そうしてその他には推理の基盤となるものが考えられないか、ということになる。それは要するに柳田の視点に重要なものが欠けていないか、が問われることにもなる。

①、②についていえば古代日本人にとって自然周期と収穫期が祭りの時期を決定する重要な要素となることは当然であって、恐らくそうであっただろう。この点についての考察は間違いないことと思われる。

しかし現実には祭りの時期は春↓秋の自然周期と収穫期にあっていないのであって、その時期のズレの解釈が、③の物忌みなのである。柳田の場合、その問題点の解決がすべて物忌みに皺《しわ》よせされている感がある。物忌みは祭りの重要ポイントではあろうが、それほどこの場合における解決の万能薬であろうか。

『祭日考』批判

十世紀初頭における二・四・十一月という祭り月の限定の背後について、柳田の考察に欠けているものは「呪術」ではなかろうか。

第三章でみてきた通り、日本古代社会は呪術に大きく支配されていた。

祭り月が二・四・十一月に限定されていたことにも、祭りはこれらの月に行われなければならない、という呪術の上での必然性がからんでいるのであって、その呪術性が、伊勢神宮を除くすべての社の祭りを支配していたかも知れないのである。

しかしこの祭りにおける呪術について、柳田は殆ど何もふれてはいない。柳田の推理は今の人の目に映じる古代生活の推理であって、従って祭り月の解釈も、その理由の大半を厳重な物忌みに負わせるというかなり合理的なものである。

現代人からみれば神迎えのために厳重な物忌みをした、それに多くの時日を費した、といわれれば、古代とはそういうものか、いかにも尤《もっと》もだと思う。

ところが実はそれが今の心で推《お》しはかられた古代であって、それは余りにも合理的に捉えられた古代だと私はいい度い。古代の祭りを支配した原理は、もっと別のものではなかったろうか。

たとえば日本における最大の祭り、践祚《せんそ》大嘗祭は、古く十一月中卯日《なかのうのひ》と定められている。その卯の日が何を意味しているのか。卯の日と定められているからには、卯の日でなければならない理由が当然あろう。卯の日の前日の寅の日であっても、また戌《いぬ》や亥《い》の日であってもいけない。それらの日では不都合なことがあるわけである。

そうなれば同様に、十一月は子《ね》の月であるが、大嘗祭は子《ね》の月でなければならない理由があるはずである。その前の月は十月、つまり亥の月であるが、亥の月には祭りは行うことが出来ないわけが、古代呪術の原理からあったに相違ない。

こういう思考も当然おこってくるのである。

大嘗祭はその祭り月が「子」、その祭り開始の日が「卯」であるが、それはこの祭りが、「子」と「卯」の結合の上に成立していることを示している。

この子―卯の結合が、すでに七世紀の白鳳期において、いかに遷都、葬礼において重視されていたかは、第三章でみてきた通りである。

柳田の注目した祭り月の十一月と二月、又は十一月と四月の型をそれぞれ十二支に置換えてみると二月は「卯月《うのつき》」、四月は「巳月《みのつき》」であるから、十一月・二月の型は、「子・卯型」、十一月・四月の型は「子・巳型」となる。そうして十一月は両方の型に共通しているから、「子《ね》」の重視ということが判る。

またこの二つの型の中では十一月・二月型が古いと推測されているから、結局、祭りにおいても、遷都、葬礼におけると同様、「子・卯型」が基本を示す型で、重視されていたと見られるのである。

「子・巳型」の考察は後にゆずるとして、このように祭り月の十一月・二月型を十二支に置換えてみると「子・卯型」が出現することをもう少し詳しくみよう。

第三章で既に述べたようにこの子・卯の結合は、陰陽五行思想導入の最盛期、寛平七年より二百年以前の天智・天武朝の遷都、葬礼において盛んに撰用された型であって、十世紀の祭り月の型として唐突に出て来たものではないのである。

そうして白鳳期の呪術として、この子・卯の結合にこめられていた日本原始信仰と、中国の哲学的な陰陽五行思想の習合を考え合せるとき、十世紀初頭における祭り月の子・卯型は、七世紀後半における遷都、葬礼に撰用された子・卯型と決して無縁ではあり得ず、七世紀のそれの直接の子孫と思われるのである。

従って自然周期、収穫時期に合わない十一月・二月の祭り月の型の来由を、すべて物忌みの期間の長さに帰している柳田説に同調することは出来ない。私はどこまでもこれを、子・卯型に置換えて捉えたいのである。

しかし以上の考察がすすめられたのも、結局は柳田の祭り月の時期への着眼、検討、分類、問題提起があってのことであり、そのことに対する評価と批判とは全く別なのである。

子・卯型としての十一月・二月祭り月　第一章ですでにふれたように、子《ね》の月は冬至をふくみ、陰でありながら亥《い》の月の純陰とは異なり、一陽が下に来復している季《とき》、天上には春が既に来ているときである。子《ね》は十干でいえば、「壬《じん》・癸《き》」。その壬《じん》は妊《みごも》りで、生命が胎に既に萌《きざ》している象《かたち》である。そうしてその萌された春、或いは生命の芽は、その冬至から数えて四十五日後の卯月《うのつき》の立春において地上の春として顕現する。

これは一年の季における子と卯の関係であるが、同様のことは一日における子と卯の間にも見られる。つまり子刻《ねのこく》、午前零時は既に次の日であるが、太陽は未《ま》だかくれている。その姿が地上にみえるのは卯刻《うのこく》、午前六時を前後とする二時間である。

子《ね》がこもり、萌《きざ》しを意味するならば、卯《う》はそれに対し出現、顕現を意味する。こもっては出、出てはこもる。子と卯の象徴するものは天・地・人の三象に共通する永遠の輪廻の相である。その子と卯が祭り月に撰用されているのであって、子・卯の相関は祭りの原理そのものといえよう。

しかし子・卯型に潜む祭りの原理はこれだけではない。

くり返していうように古代日本人は東の常世を生命の種、祖神としての蛇の在処と考え信仰した。東を象徴する「卯」は顕現の作用のみでなく、その作用が実現する常世という場処をも象徴する。その常世への新生、顕現の前提条件として「子《ね》」のこもりがあり、子《ね》は卯《う》と同様、こもりの作用と同時に、こもりの場処をも象徴する。

子と卯は幽と明の作用と場処を各自象徴し、互いに関連しあうのである。

十一月・四月型は、子・巳型に置換えられる。四月の「巳」については第一章3節「日本原始信仰と陰陽五行説の習合」の東南・西北軸（辰巳・戌亥軸）を参照して頂きたい。

古代日本人は東方の常世にある蛇を祖神として信仰したが、その蛇の在処は現実には大和盆地の東の三輪山であった。しかし都が北へ北へと移動すると現実の蛇の在処は遠ざかり、代って十二支の中の蛇の座、東南（辰巳）が大きく泛び上ってくる。

東南は巳《み》、月に執れば旧四月、季に執れば夏、陽気の最盛時である。

柳田は祭り月としての旧二月を農事始めに先行する物忌み、この旧四月をその後の物忌みの時期として捉えている。

しかし日本の祭りの中で、祖神祭りは大きな比重を占めるので、四月巳月《みのつき》が蛇の在処として捉えられるならば、それは祖神祭りの時期としての含みが多いのである。

いずれにしてもこの子・巳型は子・卯型より遅れて発生した祭り月型であろう。現実の東の蛇の座が失われて後、抽象的な十二支の東南に蛇の座が求められるようになってから、この子・巳型は祭り月として盛行したと思われる。

2　私見大嘗祭

大嘗祭の定義及びその概略

践祚大嘗祭は、天皇が即位の後、はじめてその年の新穀を以て天照大神及び天神地祇を奉斎する一世一度の大祭である、と定義されている。諸祭祀中、大祀《たいし》といわれるのはこの祭りに限るのであって、その準備の周到さ、儀式の盛大さは他に比類がない。

しかしその祭りの内容そのものは毎年行われる新嘗祭と全く同じなので、古くは大嘗のことを新嘗といい、また新嘗のことも大嘗とかかれて、その間の区別ははっきりしなかった。

この両者の区分が明確にされるのは天武天皇（六七二〜六八六）の御代であって、天武天皇二年十一月に即位の大嘗があり、五年、六年に新嘗の祭りが行われたということで、その区別がはじめて判然としているのである。

その後大嘗祭は更に整備され、貞観儀式の制によると受禅の天皇の場合は、その即位が七月以前ならばその年に大嘗を行い、八月以後ならば翌年に行われることになって、無論例外もあったがこれが原則として守られていったのである。先帝の崩御による登極の天皇の場合は、必ずその諒闇《りょうあん》の期があけて後に行われた。

国郡卜定　大嘗祭の行われる年の四月、まず悠紀《ゆき》（東）、主基《すき》（西）の両斎国の卜定《ぼくじょう》があった。例外もあって二月、稀には九月になって行われたこともあるが多くは四月中に行われる事だったのである。

ついで行事の職員撰定、行事所開始があって、八月下旬には悠紀・主基の抜穂使《ぬきほのつかい》の卜定、発遣があった。各抜穂使は九月下旬帰京して、抜穂を大嘗会の斎場に納めるのであった。

斎場の造立及びその壊却　大嘗会の斎場は、宮城の北野にやはり卜定された地に設けられるが、その棟上げは抜穂使の帰京に先立つ九月上旬に行われた。

斎場の規模は内院・外院より成り、内院には八神殿、稲実殿、黒白酒屋、倉代屋、臼屋、大炊屋、麴室等があり、外院には多米酒屋、倉代屋、供御料理屋などがあった。斎場にはこの外、神服院、小忌院、出納所、細工所、宿舎雑舎などがあり、先述の抜穂をはじめ、神服、由加物など神祭のための御料、調度などの一切がここに納入、設備されたのである。そうしてこれらのものは、十一月卯の日の早暁、つまり大嘗祭の当日に大嘗宮に送致される。

次に注目されることは、この卯の日に早くもこの北野の斎場は壊却されるのである。それはその用済みと同時に毀《こぼ》たれるということでここにも日本の祭りの原理がうかがわれるのである。

大嘗宮の造立及びその壊却　大嘗宮は大嘗祭の正殿であるが、東の悠紀殿、西の主基殿の両宮から成っている。宮とか殿とかよばれているので、さぞかし立派な御殿が出来ているように思われるが、その実体は全く簡素な草と木で応急にしつらえられた臨時の仮屋である。

その造立については制約があり、祭りに先立つこと七日に着工し、五日以内に造りおわり、

「寅日以前内外庶事整斉已畢」　(『延喜式十一太政官』)

ことが要求されている。大嘗祭は卯日に始まるから寅日以前にすべての事が終了されていなければならないということは、祭りの前々日の竣《しゅん》工《こう》を意味している。

この造立期間、五日以内の完工は注目すべき事象であるが、更にこれに対してその壊却も

又注意されるのである。

『儀式四践祚大嘗祭儀』によれば、

「辰日卯二刻（午前五時半から六時の間）神祇官中臣忌部、率㆓御巫等㆒、鎮㆓祭大嘗宮殿㆒、其幣如㆑初、訖《オハ》レバ即令㆔両国ノ人夫ヲシテ壊㆓却セシム大嘗宮㆒、……」

とある。

大嘗祭の中で最重要な祭り、つまり大嘗宮における供饌《ぐせん》終了後、大殿祭《おおとのほがい》があり、それがすむや否や、殆ど間髪を入れず、悠紀・主基両国の人夫によって大嘗宮は壊却されるのである。

大嘗宮における祭り（宵・暁の大御饌）　大嘗祭の儀式は十一月卯日の祭りにはじまり、辰巳両日の節会《せちえ》、午日豊明《とよのあかりの》節会に至る四日間である。

しかし『宮主秘事口伝《みやじひじくでん》』に、

「大嘗会者、神膳之供進第一之大事也。秘事也」

とあるように、その最重要の祭りは卯日の夜半から翌辰日の暁にかけて悠紀・主基の両殿で行われる宵・暁の神饌の供進である。

十一月卯日の暁、神祇官は幣帛《へいはく》を諸神祇に奉奠《ほうてん》し、天皇は戌刻（午後七時）、大嘗宮の北に設けられた廻立殿《かいりゅうでん》に渡御、ここで天の羽衣という湯カタビラを召して沐浴《もくよく》の後、明衣《きよぎぬ》という生絹《すずし》の衣服に改められて、悠紀殿に渡られる。

大嘗宮内図

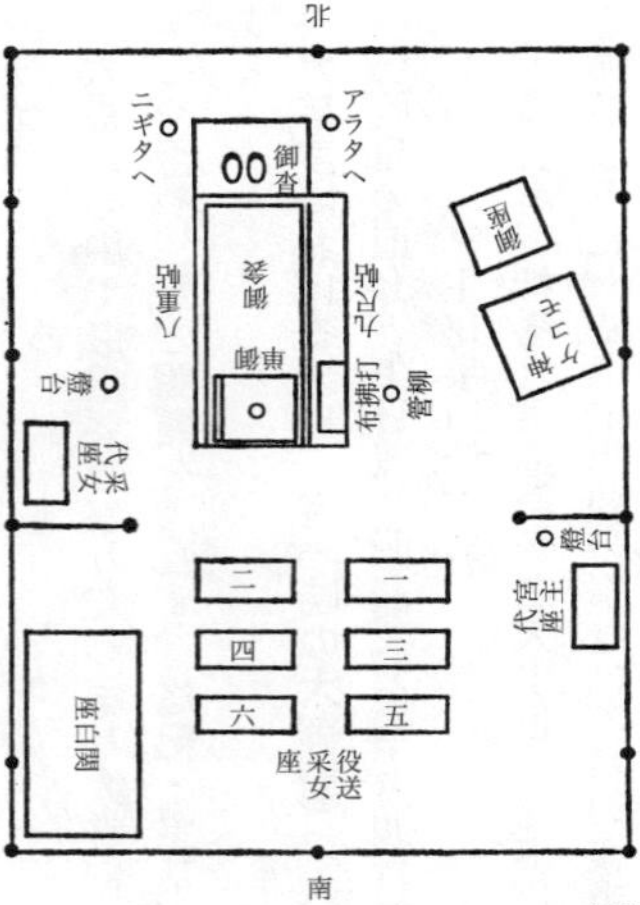

貞観儀式大嘗宮全図

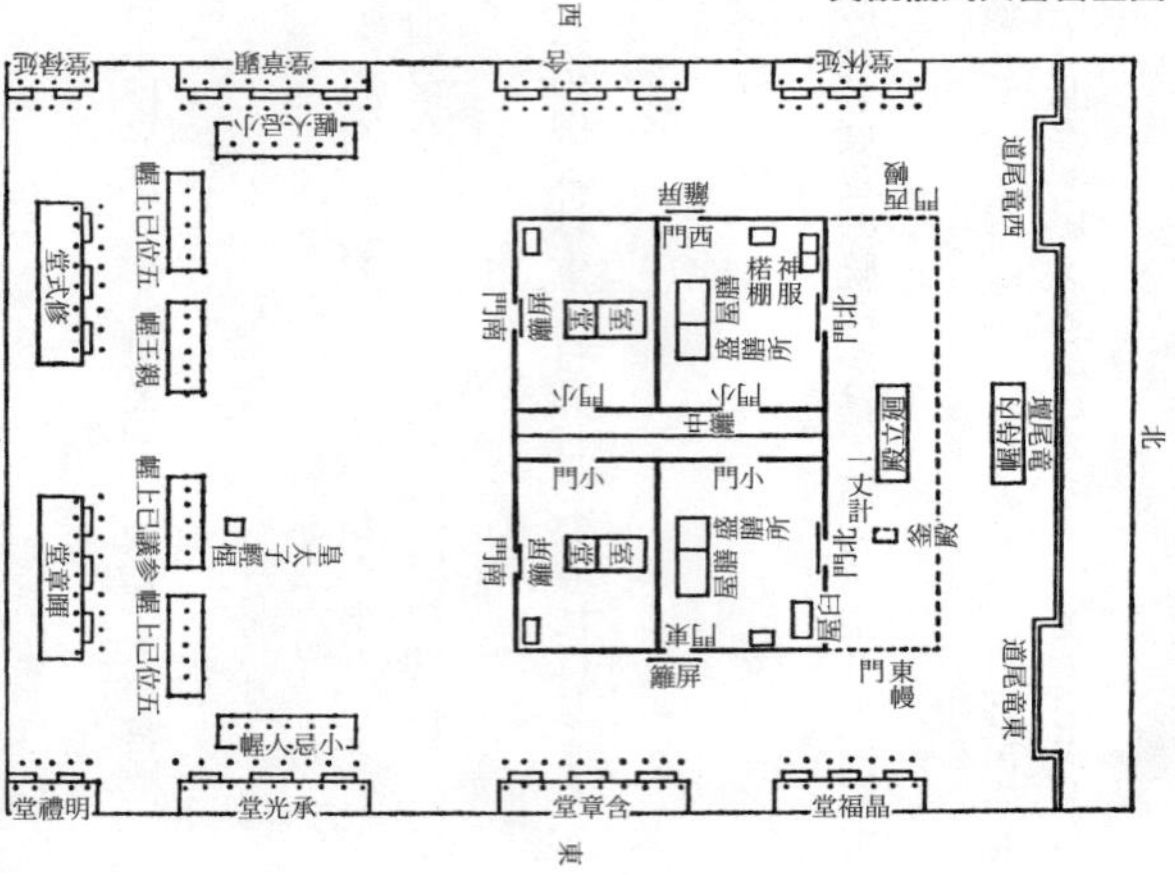

廻立殿内図

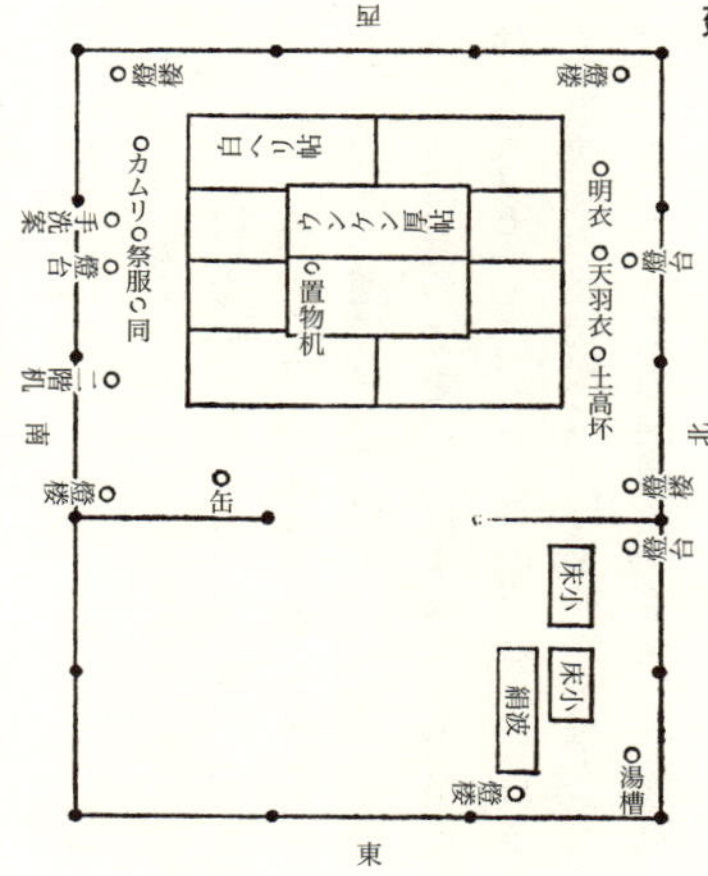

貞享四年大嘗会図

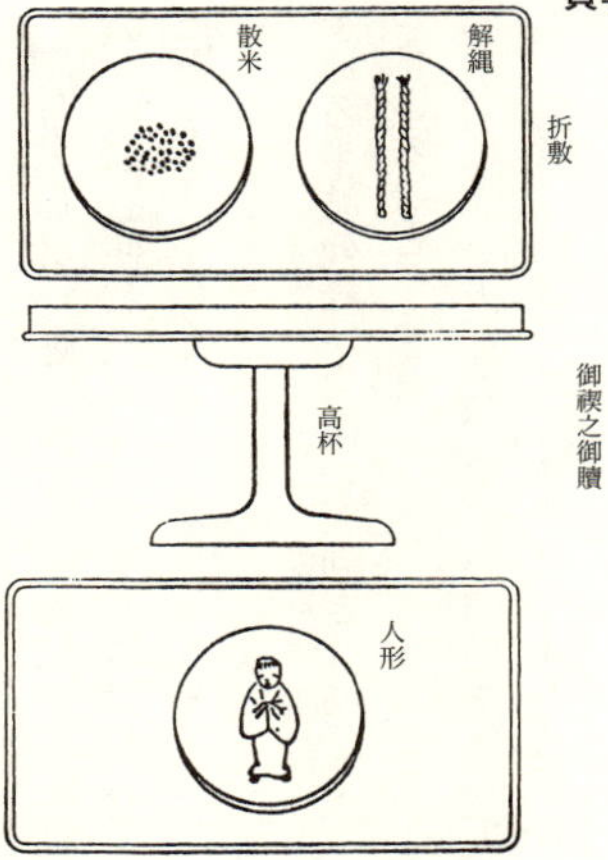

『大嘗会便蒙 下』
(「故事類苑」より)

その悠紀殿渡御に際しては天皇一人の道として蓆《むしろ》が前方に展《の》べられてゆく、その歩みにつれて後方ではこの蓆は端から巻き収められる。要するに天皇一人のための聖なる道はその用済みと同時に消滅させられてゆくのである。その際の天皇は沓《くつ》は召されず徒跣《とせん》である。

悠紀殿（二一〇頁参照）には神座として、衾《ふすま》・坂枕《さかまくら》・沓が用意されている。その沓の向きは江戸時代の『大嘗会便蒙』における絵図では北向きとなっているが、平安末と推定される『宮主秘事口伝』には沓の向きは西となっている。『大嘗会便蒙』と『宮主秘事口伝』の差はこれだけではない。「アラタエ」と「ニギタエ」の配置も『便蒙』では「アラタエ」が神座の東北、「ニギタエ」が西北であるのに対し、『口伝』では「アラタエ」西北、「ニギタエ」東北で東西が逆になっている。

悠紀殿において更に注目すべきは天皇の御座である半帖の莚《むしろ》が東南の巽向き、同じく、「神ノケコモ」といわれる神饌の莚が巽向きとなっていることである。

天皇渡御の悠紀殿においては「小忌大忌の群官参入の後、宮内官人、吉野の国栖《くず》を率いて古風を奏し、悠紀の国司歌人を率いて国風を奏し、出雲、美濃、但馬等の語部は古詞を奏し、隼人司《はやとのつかさ》は隼人を率いて風俗の歌舞を奏す」（『古事類苑』神祇部十八大嘗祭一）とある。亥一刻（午後九時）、天皇自《みずか》ら宵の御饌《みけ》といわれる神饌神酒を供えられる。記録にみる限りではこの悠紀殿（後の主基殿も同様）における親祭は采女《うねめ》二人の介添によって執り行われる。神膳には箸が六膳用意されるがその中の一膳は天皇の御料であって、天皇は神と共食されるのである。

この宵の御饌の撤饌《てっせん》は亥二刻（午後九時半から十時の間）である。

子一刻（午後十一時から十一時半の間）神祇官は内膳、膳部等を率いて主基膳屋に移り、神饌を調理する。

天皇もこの時刻に再び廻立殿に還られ、丑刻（午前二時）、悠紀殿渡御の前と同様、沐浴され、祭服を改められて主基殿に渡御になる。

寅刻（午前三時）、暁の御膳の供饌が行われるが、それは悠紀殿におけるのと全く同じとされている。寅四刻撤饌、廻立殿に還御になる。ここで采女の還申《かえりもう》しの事があって、天皇は御服を替え、本殿に還幸になる。この時は卯日はすでに終り、辰日である。

『儀式四践祚大嘗祭儀』によれば、

「辰日卯二刻（午前五時半から六時の間）、神祇官中臣忌部、率二御巫等一、鎮二祭大嘗宮殿一、其幣如レ初、訖《オハ》レバ即令三両国ノ人夫ヲシテ壊二却セシム大嘗宮一、……」

とある。

大嘗祭のハイライトは『宮主秘事口伝』にあるように、子刻を中心とする卯・辰両日に亘る宵・暁両度の神饌供進にあり、辰日の寅四刻の撤饌を以て、大嘗祭は実質的には終了するのである。

そこで辰日卯二刻における大殿祭《おおとのほがい》、それにつづく悠紀・主基両国人夫による大嘗宮壊却の意味するところは明瞭である。それはつまり祭り終了と共に、全く間髪を入れず、祭場・祭具など、およそ祭りに関する一切のものの破却を意味しているのである。

大嘗祭について

大嘗祭五つの特色　前述のように大嘗祭は大祀《たいし》といわれるのはこれ一つという重大な祭りであり、その定義づけもなされていて一応問題はないようであるが実は謎の多い祭りであって、田中初夫博士もその祭神について疑いをもち、その『践祚大嘗祭の研究』（昭和三十四年十二月十五日発行、私家版）において、「結局大嘗祭の祭神は悠紀・主基の両殿に祀られる神であろう、しかしその神が何の神かははっきりしない」といっておられる。祭神について私もまた疑いをもつと同時に、更に天皇が天神地祇を祀られる、ということにも疑いをいだいている。

その疑いから出発する私見大嘗祭は、前述の大嘗祭の概略を基に、大嘗祭の中にみられる特色、あるいは先ず目立つものを考察し、次にその考察から帰結されるものを終着とする。大嘗祭の中に特色として、或いは目立つものとして次の五点をあげる。

東西二元の撰用
「子《ね》」と「卯《う》」の重視
蛇

五行

祭屋の造立と壊却

この考察に入る前に一言したい。それは大嘗祭は即位式であると同時に新嘗祭、つまり収穫祭という二面性をもつ、又一口に即位式といっても天皇は祭政を統べるから、政治上の主権者の即位式であると共に、最高神官の即位式とみることも可能ということである。

(一)　東西二元の撰用

両斎国における東西二元　大嘗祭の行われる年の四月、まず悠紀（東）・主基（西）の両斎国の卜定《ぼくじょう》がある。両斎国とは大嘗祭神饌のための悠紀・主基両神田の定められる国郡の意味である。

河原頓宮及び百子帳における東西二元　大嘗祭に先立つ一ヵ月、十月下旬に河原の御禊《おんみそぎ》が行われた。その河原は皇居を西とする真東であって、そこに既に東西の二元が求められている。

その河原に御禊のための頓宮《かりみや》が設けられるが、次頁の図にみられるように、まず頓宮そのものが東方に向って開かれている。頓宮の中に東西に「御膳幄」と「御禊幄」がたてられるが、その各々にも東西の別があった。

御禊幄は御膳幄より東寄りであるが、その御禊幄の中でもまた東の御禊幄の中央に天皇専

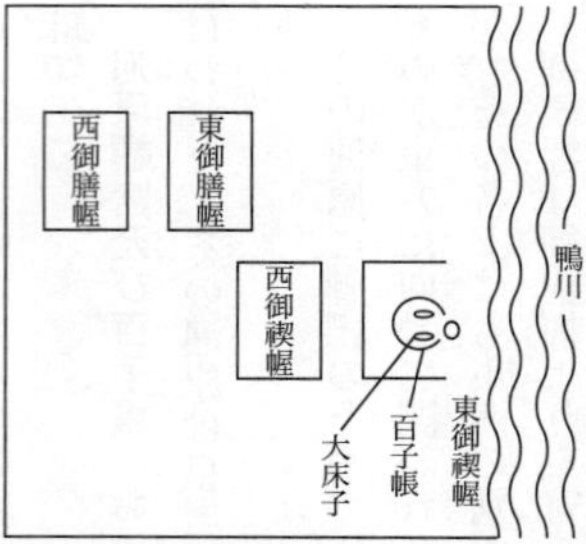

河原頓宮想像図

用の百子帳《ひゃくしちょう》が設けられている。

百子帳は四周に帷《とばり》を垂れたものであるが、その帷は東方に限って捲《ま》き上げられている。

百子帳の周りには六曲の屏風がたてならべられるが、それも東方は開けてある。東方はすべて開放され、百子帳の中における天皇は東の河面に直面するわけである。東方は神霊の来る方位、あるいは在る方位であって、天皇といえども百子帳の出入りに東方は使用出来ない。西の方から入られるために、百子帳の西の帷は縫合されていないのである。

東方を使えるものは天皇に撫物《なでもの》をすすめる御巫《みかんこ》だけである。これらの童女には聖別されたもの、神の代理という意識がうかがわれる。

この御禊は極めて常識的に大嘗祭に先立っての河原の祓《はら》いであると解釈されている。しかし私はこの御禊に執拗にくりかえされている東西二元の撰用と、取分けその東方重視に、日本原始信仰の純粋な形をみる思いがする。原始信仰の純粋な形とは、つまり祭祀者による神霊受胎である。

東は、神界、神霊、種

西は、人間界、女、胎を表わす。

恐らく東の海に見立てられたにちがいない鴨川の流れに向かって、河原の御禊の仮宮の東側は悉く開放される。それは東方からの神霊を迎えて、西の人間界を代表する祭祀者としての天皇が、これと交わり、神霊を受胎するためであろう。

百子帳のつくりは丸栗の片腹を穿《うが》ったようなものというが、それを地上に伏せれば帳の下は円形をなす筈である。百子帳は擬似母胎ではなかろうか。

百子帳の中には大床子《だいしょうじ》が二つ用意されるが、その一つは天皇の料、もう一つは剣のためである。その剣の置き方にも秘説があって、剣は東南におかれるという。

剣─男根─蛇は一系列につながる。十二支において東南の辰巳《たつみ》は蛇の在処である。古来日本人は蛇を祖神として考えてきた。

百子帳の屋根は蒲葵《びろう》で葺《ふ》かれるが、この蒲葵は男根と大蛇とを象徴するものと私は推測している。大蛇の古語は羽々《はは》である。そこで蛇木《ははき》、つまり波々木神（波比岐神）はこの蒲葵のことではないかと思う。

蒲葵は沖縄で御嶽《うたき》の神木であるが、御嶽の神は蛇である場合が多い。その蛇のシンボルとして蒲葵は神木となっているのではなかろうか。祖神の蛇は、三輪山の伝説にもみられるように人間の女と交わる。

百子帳の中で、蛇のシンボルとして東南に置かれた剣と過す天皇の性は、恐らく女性である。

日本の祭祀は本来は女性が主宰すべきものであった。しかし本土では男性が祭政の権を掌握して女性を祭祀の座から追ってしまった。そうして天皇が本来女性であるはずの主祭者になっているので、天皇の中に女性的の性格がふくまれるのは当然であろう。

しかもなお男性の天皇では祭りおおせないところも意識されて、それを斎宮が負うて伊勢を奉斎したのである。便宜上、男性が司祭者になっているので、またその身代りに女性が立つという形で、本土における祭りは全くややこしく、複雑で、その結果、祭りの本質も見失われ勝ちである。

御禊の仮屋、百子帳という擬似母胎で東方の神霊を迎え、交った天皇は一ヵ月の忌みこもりの後に、大嘗祭において自らを神としてみあれされる。と私は推測する。

『永和大嘗会記』は御禊の始終をかきしるした後に、

「けふより天皇群臣みな神斎を専らにして、大嘗会の経営昼夜おこたりなし」

と感慨ぶかげに筆をおいている。神霊をうけた天皇を中心に「神斎を専らに」一ヵ月をこもってみあれをまつのである。

大嘗宮における東西二元　大嘗宮は大嘗祭の正殿であるが、これも「大嘗宮全図」の通り、北の廻立殿を中心として、東の悠紀殿、西の主基殿の両宮から成っている。

この東西の悠紀殿・主基殿の中で、天皇が神に供饌されるのが、大嘗祭のもっとも重要な儀式とされている。

しかし新穀を供えられる当のその神の性格が不明であるという。この神は一体何なのか。「百子帳における東西二元」において、御禊とは神迎えに当っての身心清浄のための「祓《はら》い」として解釈されているが、その内容は多分に性的のもので、百子帳における「御禊《おんみそ》ぎの儀」とは天皇による神霊の受胎である、と考察した。

大嘗祭はこの御禊の二ヵ月後である。大嘗祭は現人神としての天皇の誕生を意味する。即位における天皇は一貫する「天皇」の大生命を更新する立場にあるもの、火継《つ》ぎ、である。

即位の天皇をこのように解釈すれば、大嘗宮はみあれの現人神、天皇の産屋の意味をもつ。産屋は部落の東の外れの海辺に建てられたものだという（島根県美保関町千酌爾佐《にさ》神社、塩田宮司よりの聞書き）。

人の生命も東の神界、常世から来る。部落の東外れというのは、東のその神界と、西の人間界との真中、中央を意味する。その産屋の原理を象徴しているのが、東の悠紀殿ではなかろうか。

産屋は一つあれば十分である。しかし東の悠紀殿がいつか神界に属するもののように錯覚され、みあれの神が西の人間界に定着されるよう、西の主基殿が設けられたのではなかろうか。東西の二元撰用に熱心の余りのことと思われる。

しかし、後に大嘗祭における子《ね》において考察するが、北の廻立殿を「子《ね》」の一白坎宮とし、それを太極とすればここからは当然陰陽の二極が生じなければならない。悠紀・主基両殿は陰陽二極の象徴でもあろう。

東の悠紀殿を原始の神祭りにおける神の産屋と考えるが、大嘗祭においてこの産屋の機能は、むしろ北の廻立殿にみられる。ここでは天の羽衣という湯カタビラをつけての天皇の沐浴があり、その後、明衣に改められての悠紀殿への渡御がある。その際には天皇一人のための神聖な道が蓆《むしろ》によって造り出され、且《かつ》消されてゆく。それは神としてみあれの天皇の神聖性に対する礼であろう。

新生児にはまず衣と食が供されるように、みあれの神にもまず衣、ついで食が捧げられる。その衣は廻立殿で供され、食が悠紀・主基の宵・暁の大御饌となるかと思われる。

悠紀殿（主基殿も）には神座として衾・坂枕・沓が用意されるが、その沓の向きは『宮主秘事口伝』には西向き、『大嘗会便蒙』には北向きになっている。神は東から西へ向って渡来されるのであるから、西向きが当然古い型であろう。

沓が西向きならば、枕は東におかれたに違いない。『大嘗会便蒙』は南枕であるが、南枕というのは陰陽五行導入の結果、北を胎とし南を女陰とした白鳳以後の考えによるものであろう。

神の去来、死者新生の軸は、原始信仰に蔽われていた飛鳥時代までは東西であったはずである。『宮主秘事口伝』は平安末のものといわれるが、陰陽五行導入前の古い神祭の名残りをとどめている故に、東西軸になっていると思われる。

北の廻立殿については後述するが、これは陰陽五行導入後の所産であって、古くは存在せず、神の産屋は悠紀殿一所であったろうと私は推測する。

そうしてみあれの神を迎え神に食を供する沖縄の「神アシヤゲ」の機能をもつもの、つまり悠紀殿・主基殿の機能をもつものは主基殿だったのではなかろうか。

ニギタエとアラタエも『便蒙』と『口伝』では東西が逆になっている。

ニギは握《にぎ》る、などの言葉の元で、ものが何かの中につまっている状態をさす言葉と思われる。ニギタエは神がまだこもっている時点を象徴するものであり、アラタエはみあれの時点を表わす具であろう。神は東から来て西で顕現する。アラタエを西におく『口伝』がこの意味でも祭りの古儀をよく残していると私は考える。

このようにしてみてくると、大嘗祭の定義は疑わしくなってくる。

大嘗祭と沖縄の祭り　そこで大嘗祭を沖縄の祭りと重ね合わせてみることにする。沖縄の神は現人神であって、生身の人が神になり代って祀《まつ》られる立場にある。もし大嘗祭と沖縄の祭りが重ね合わされるならば、大嘗祭における天皇も、沖縄の司祭者と同じく、祀るのでなく祀られる立場に在ると考えられよう。

大嘗祭は新嘗の祭り、つまり収穫祭であると同時に、天皇の即位式でもある。天皇は祭政を統べられるから、大嘗祭は本土における最高神官の即位式とみることも可能である。

もし大嘗祭を日本本土の代表的な祭りとして、それを沖縄の祭りと比較するなら、

収穫祭としては豊年祭《ぷうり》（第六章参照）

即位式としては聞得《きこえ》大君《おおきみ》即位式（尚王朝時代の最高女神官）

との比較がまず妥当である。

聞得大君即位式の蒲葵　『聞得《きこえ》大君加那志様御新下日記《おおぎみかなしさまおあらおりにっき》』は琉球最高の女神官が斎場御嶽で行う即位式の記録である。それによると女神官は斎場御嶽に一泊するがそのとき臨時につくられる仮屋の壁は悉く蒲葵《びろう》の葉で張られ、鴨居その他には蒲葵の幹がつかわれたという。又大君は神と同床し、床は二つ用意されるとも伝えられている。

大嘗祭の御禊における百子帳も同様に蒲葵の葉で葺かれる臨時の仮屋であって、天皇専用の祭屋でありながら、そこには二つの大床子が用意される。一つは天皇の料、他は神剣のためである。それは恐らく神の象徴であろう。

天皇といい、聞得大君といい、共に国の最高司祭者であるが、その一世一度の即位式に際し、或いは蒲葵の葉の中に一夜を過ごし、あるいはそこに一時《ひととき》を過したという。祭事の第一人者による同様の場合の同様の蒲葵の使用、それは偶然の一致ではなかろう。両者の間の深いつながりを暗示していると考えられる。

以上みてきたように大嘗祭における特色、蒲葵の葉の使用と、東西二元の撰用は、大嘗祭とその性質を等しくする沖縄の最高女神官即位式、及び豊年祭においても顕著である。大嘗祭における特色が沖縄の祭りにもみられるならば、他の点でもこの両者は互いに重なり合い、共通するものをもっている筈である。本土では消失していて沖縄の祭りに残っている生身の人が撰ばれて神そのものになるということも、かつては日本本土の祭りの本質であった筈である。

本土では男性が祭祀権をその掌中に収めた結果、祭りの本質が見失われ、いつしか、「神霊」という抽象的なものを神とし、姿なき「神霊」を人間が迎えることが祭りとなってしまった。しかし日本人は本来、抽象が嫌いで、神もまた、この目にみえるものでなければ気がすまない民族であった。

従って神を目に見えるものとして迎えている沖縄の祭りが日本の祭りの原型であり、本土の祭りはその本質から外れてしまっているのであって、大嘗祭に祀られる神が不明ということも結局はこの間の事情を物語っているものと私は考える。

つまり沖縄の豊年祭の神が、実は人間の巫女であるように、大嘗祭の神は、最高神官の天皇自身だったのである。祭事における天皇の性は女性であり、沖縄の女神官同様、蒲葵の仮屋で神と交わり神の種を妊《みごも》って、時が満ちれば神そのものとして生まれ出て、神として人の世に臨む現人神《あらひとがみ》であった。天皇は神に御饌《みけ》を供える立場ではなく、神饌・神酒を供えられ、それを嘉納して現世の民に幸福を約束する立場にある文字通りの現人神なのであった。その「現人神」という言葉は、戦前・戦中を通してよく使われたが、その場合、この言葉は天皇の神聖性を形容する単なる形容語に過ぎなくなっていた。

大嘗祭の神が不明なのは、本来、「神」として新穀を供えられる立場にあった天皇が、いつしか「神霊」という抽象的な神に新穀を供える立場の「人」になってしまったからに他《ほか》ならない。神としての天皇が消えてしまった時から、大嘗祭は謎の多い祭りになったのであろう。

しかし、それでは現人神となる沖縄の巫女が、常世から来る大元の神かと問われれば否定するほかはない。

現人神とは、神と交わり、神の種を妊って、最終段階では神そのものとして生れ出るものではあるが、どこまでも人に現れた神であって、いわば代理の神である。

その巫女と交わる神、妊らせる神、常世神、祖神《おやがみ》は当然別に存在する筈である。その祖神とは何か。恐らくそれは蛇（拙著『祭りの原理』第四章参照）であろう。中国及び日本神話において蛇は人間の祖として扱われている。沖縄宮古島の島建の神は蛇であり、御嶽《うたき》の神は蛇とされている。蒲葵が神聖視されるのは、恐らくその幹が蛇＝男根を象徴するからであろう。大嘗祭に蒲葵が用いられ、その「贖物《あがもの》」に「解縄《ときなわ》」があり、又後述するように蛇が種々な形で表れるのはその為と思われる。縄は蛇の象徴とされ、縄の蛇が祭り、取分け先祖祭りに登場する例は数多いのである。巫女が代理の神であるのに対し、第六章に述べる石垣市宮《みや》良《ら》のアカマタ・クロマタは蛇で、ズバリ常世の神を表しているのではないかと思う。

そこで日本の祭りに登場する神は、

祖神―蛇がズバリ現れるもの

巫女が祖神と交わり、受胎し、最終段階では自ら神としてみあれするもの

の二種に別けられよう、そうして前者を蛇型、後者を、巫女型、とすれば、古い祭りの型を残す沖縄ではこの二つの型において神にはともに生身《なまみ》の人が扮するのに対し、本土では蛇型では縄で拵《こし》らえた作り物の蛇を出し、巫女型では巫女の役を男性が収奪した為に抽象的の神霊を祀ることになったと思われる。

大嘗祭は本質的には巫女型であるが、その上に男性司祭者の天皇による抽象的な神霊の奉斎が蔽いかぶされているために、謎が多くなるのである。しかもその上に祖先神の蛇の在処を東においたり、東南においたりして、その影を何彼《なにか》につけてチラつかせるので余計混乱するのである。

(二)「子」と「卯」の重視

大嘗祭の中に特色としてあげられるものに「子《ね》」の重視がある。

「子《ね》」は方位では北、時間では子《ね》の刻（午後十一時〜午前一時）、色は黒、体象では水・坎

（穴）などである。そこで大嘗祭の中でこの「子《ね》」を求めると次のような事物、時間がそれに当る。

北野斎場

十一月（子の月）

廻立殿（子の方）及び

廻立殿における時刻（子刻）

北野斎場　大嘗祭の調度、神祭の料は祭りに先立ってすべて北野の斎場に納入、設備される。それはこの大祭に際して当然のことであるが、現実の必要に加えて、日本の祭りには祭りの料を一時期、こもらせることは大事な呪術であった。

祭りの料は日本人の考えではすべて神に密着している。器物・神饌の如何をとわずそれらはすべて神の去来に関わるのである。

そこで祭りの前には一括してこれらを一所にこもらせる。つまりそれらに「幽」、隠《かく》れの時と場処が与えられる。「こもる」「かくれる」は「子《ね》」の作用である。子《ね》の場処は北であるから、斎場は北に設けられることになる。

そこで神祭が終れば神の帰去を促し、その完全な消去を象徴するために、祭具・祭屋の一切は一挙に破砕される。これが日本の祭りの特徴と思われる。

伊勢神宮の「御稲奉下《ごとうほうげ》」は、祭りに先立ってその祭りの料となるものをこもらせることを実証するに足る資料であろう。

「御稲奉下《ごとうほうげ》は心のみ柱に供える新穀の抜穂を九月十四日、神田から捧持してきて、それを一旦、神域内の正宮の西側の御稲《みしね》の御倉《みくら》に納め、十六日にこの抜穂を御倉から下げる行事である。神田から直ちに臼殿に運んでもよさそうなものを、このように御倉に一旦納め、その御倉も古昔は正宮の西の内玉垣と外玉垣の中間にあったこと、しかも奉仕の神職の服装は正宮の祭儀の場合と同じ、かつては明衣《きよぎぬ》をつけ木綿《ゆう》かつらと木綿たすきをまとうたことからこの御稲がいかに神聖視されたかが知られる」

（桜井勝之進『伊勢神宮』学生社刊、一五五頁より要約、傍点筆者）

正宮を神の在処の東とすれば、その西側の内玉垣と外玉垣の中間の倉、とは東西軸の中央の凹《クラ》・穴ということになろう。大嘗祭の斎場の北野設定は原始信仰の中央の穴が、五行導入後、北の子《ね》に移った様相をしめすものであろう。

又、神に供えられる稲はウカノミタマ神ともよばれ、祭りに先立って、人の誕生に先行する妊りと同じく、こもりの時が必要とされたのである。

この資料からは、古代日本人における祭りの料を一旦こもらせる意識と、子《ね》の方移動以前の中央の穴の意識の二つが窺えるのである。

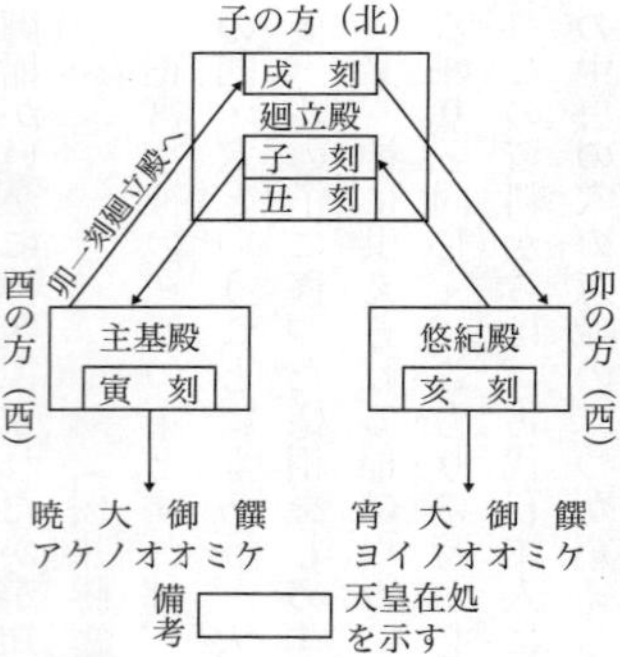

十一月（子の月）について　十一月中卯日執行の意義については既に各処（二〇四〜二〇六頁）で述べたが、この「子《ね》」が祭りの月に執られていることは、子《ね》の重視をもっともよく示している。

大嘗祭の開始日は卯の日であるから、ここに典型的な子・卯結合がみられ、その子・卯結合の意味する処は二〇四頁に詳述した通りである。

廻立殿（二一一頁参照）悠紀・主基の東西両殿の中央、しかもそれらの北、子《ね》の方に設けられるのが廻立殿である。

『宮主《みやじ》秘事口伝《ひじくでん》』によれば大嘗祭のハイライトは、悠紀・主基両殿における宵暁の神饌の供進である。しかしその悠紀・主基両殿の北寄りの中央にあるのが廻立殿であり、この子《ね》の方位を占める廻立殿における子《ね》の刻を中心に神饌供進は行われる。

大嘗祭は、「子《ね》」が時間・空間の中枢を占める祭りなのである。その状況は上図によって示される。

なお廻立殿で行われるのは沐浴の儀であるが、子《ね》の象徴するものは水であり、み生《あ》れと水とはもっとも縁のふかいものであって、廻立殿にはこうしていく重にも「子《ね》」の呪術がこめられている。

（三）　蛇

御禊の御贖物　「御禊」は、大嘗祭に先行すること一ヵ月の重要な儀式である。御禊の行幸について、その行装のさかんなことは他に類がないということは前述したが、無論その中で、最重要な行事は酉刻《とりのこく》（午後五時～七時）に行なわれる百子帳平敷座における御禊である。その御禊とは諸記録を綜合するとおよそ次の通りである。

天皇は、東の御禊幄《おんみそぎのあく》の中央に設けられた百子帳において手水《ちょうず》のあと、その前の平敷座に移り、そこで祭主から中臣女《なかとみめ》に伝達され、中臣女からすすめられる御麻に一撫一吻される。その後で御巫《みかんこ》が御贖物《みあがもの》を献じ、終了後一切の祓いの具は河に流される。

この贖物は（二一一頁参照）、三個の土器に解縄《ときなわ》二筋、散米、人形をそれぞれ盛ったものである。解縄とは祭式のときに大祓詞《おおはらえのことば》の一節毎に解いてゆくために解縄といわれるものだという。

祭りにおいて縄の象徴するものは常に蛇である。

蛇は日本人によって祖神と考えられ、同時に、脱皮によってこの世に在りながら生命を更新する霊物として受けとられている。その脱皮にあやかろうとする行事が茅輪《ちのわ》くぐりではないかと私は推測する。

この縄を解くというのは、蛇の脱皮の擬きではなかろうか。

百子帳内の御剣　この御贖物の解縄が蛇であろうというのは私の推測に過ぎないが、次の百子帳における御剣は正しく蛇であろう。

『花園院御記』元弘二年十月二十八日の条に、於二同幄一剣璽置様事として（同幄とは御禊幄のこと）、

「常例置二大床子北一歟、而後鳥羽院御説、御剣不レ為二跡方一、仍雖二何所一可レ置二東南方一、古賢尚不レ知レ之、為二秘説一之由被レ仰レ之、建暦実氏公、以二院御説一如レ此置レ之也」（傍点及カッコ内註著者）

と記されている。

東南は十二支において辰巳、蛇の座である。既述のように百子帳は神と同床して神霊を受胎する聞得大君即位式の蒲葵屋に比定される。この百子帳の中で神璽《しんじ》と推測される剣璽が、東南におかれることは祖霊が蛇であることを立証するものであろう。なお私は蒲葵そのものが男根と蛇を象徴するものであり、蛇木《ははき》であろうと推測している。

巽《たつみ》向きの神饌　大嘗祭にみられる東南志向は、百子帳内の剣の他に、大嘗宮そのものの中にみられる。『大嘗会便蒙』大嘗宮内図（二一〇頁参照）をみると、神の毛薦《けこも》が東南方に向って据《す》えられている。神の毛薦とは神饌の下に敷かれるものであるが、それは要するに供饌の方向を示すものであって、それがその前の御座と共に東南方に向けられていることは、神

が東南、巽方の神、つまり竜蛇であることを物語るのではなかろうか。

（四）五　行

廻立殿の沐浴の後、天皇は悠紀殿に渡御されるが、その悠紀殿では諸国の歌人・語部などによって歌唱・舞・古詞などが奉納される。その状況は概略で述べたが、その諸国が何を意味するか、を見る為に、ここに再度、掲げることにする。

吉野の国栖を率いて古風を奏し、
悠紀の国司歌人を率いて国風を奏し、
出雲・美濃・但馬等の語部は古詞を奏し、
隼人司は隼人を率いて風俗の歌舞を奏す。
（傍線筆者『古事類苑』巻十八、大嘗祭一、九四六頁）

これらの国、又は国人はどういう由緒で選ばれてこの大祭に参加しているのだろう。その理由は今日まだ解明されてはいないが、次の推理はその解明への一つの手がかりになるかと思われる。

「大日本十干分野の法」によると、

戊《つちのえ》ヲ但馬・因幡・伯耆・出雲・隠岐トス
庚《かのえ》ヲ摂津……中略……日向・大隅・薩摩……後略……トス
癸ヲ越中・飛騨・美濃・越後トス
（傍線筆者）

とされている。大嘗祭で歌舞、古詞を奏する国人をここから拾うと、

戊《つちのえ》——土　但馬・出雲
庚《かのえ》——金　薩摩（隼人）
癸《みずのと》——水　美濃

となる。その外は、吉野及び悠紀国であるが悠紀はその時々によって移動があるから国名はあげられないわけである。しかし悠紀が東であって、甲《きのえ》・乙《きのと》の何れかであることは間違いない。又、吉野は十干分野法に載っていないが、これは南の丙《ひのえ》であることは慥《たしか》である。

そこでこの二つを加えると、

甲《きのえ》——木　悠紀国
丙《ひのえ》——火　吉野

となって、木・火・土・金・水の五行が、この国々の方位から泛び上ってくる。

大嘗祭の中に陰陽五行が深く浸透していることは、既に「子と卯」取分け「子《ね》」の重視で考察して明らかであるが、呪術はいく重にもたたみ込まれるのがその特質である。

大嘗祭の賀詞奏上のために選ばれた国及び国人はそれぞれ何らかの由緒を負っているもの

であろうが、それらがこの五行を構成している点も又、見逃せないのである。

(五)　祭屋の造立と壊却

大嘗祭において見落せない事柄は、諸祭屋の造立と壊却における日限及び時限のきびしさである。

大嘗宮は祭りに先立つ七日に着工し寅日以前の竣工を要求されている。ということは酉日《とりのひ》から丑日《うしのひ》まで五日以内の工事を意味する。

その壊却は辰日卯二刻（午前六時）、両国の人夫による早朝の仕事である。

大嘗宮が使用される時間は、卯日の戌刻（午後七時）から辰日の寅刻であるから、五刻である。

北野の斎場は九月以前の造立ということでその時日は判明でないが、壊却は十一月卯日早暁、大嘗宮に祭具が送致された時点で行われる。早急に造られ、用済みの時点で早急に壊却される。この造立と壊却における時限のきびしさは恐らく日本の祭りの本質に基《もとづ》くものと思われるが、その点についての問題提起は従来なされていないようである。

その日限と同時に注意されるべきことは、この祭屋にからむ「五」の数字である。この「五」という数字は、大嘗祭の執行そのものの中にもからんでいる。というのは、受禅の天皇の場合、その即位が七月以前ならばその年に大嘗を行ない、八月以後ならば翌年に行われることになっていた。

八月以後ならば十一月まで四ヵ月、七月からならば五ヵ月となる。

五という数にこのようにこだわるのは何故か。

五は手指を折って数えると完全に閉《とざ》される数である。この他の数は閉ざし切れないか、開いてしまう。五はこもりを意味する数ではなかろうか。

奄美の古習に産屋明けの名附親（仮親・養親）の撰定に「ハネル年の人」というのがある。新生児がもし、子《ね》年とすればそれから数えて五つ目の辰《たつ》年の人ではハネない。こもってしまう。巳《み》年以降の生れの人ならば指がハネル人、私のいうニギの人でなく、アラの人ということになる。産屋から新しく誕生し直す新生児の親として現《アラ》の人、顕現の人でなくてはならないのである。

もしこういう意識が下敷きになっているとすれば、こもりを意味する子《ね》の月に行なわれる大嘗祭に、事毎にこもりを意味する五の数が撰用されることは当然なのである。

このこもりは顕現の前提条件である。前提条件としてこもりが重視されるのでこもりそのものは決して日本の祭りにおいてその目標ではない。

五日間の時間によって象徴されるこもりを終えた神はこの世に顕現する。その神の顕現する日が、卯の日であり、これは大嘗祭の開始の日である。みあれされた神は新穀を供えられそれを嘉納し、祭りの時が過ぎれば時を移さずその本貫の東に向って再び新生する。

その神の本貫への新生を促がすこと、つまり神送りを確実にするのが擬似母胎としての祭屋の壊却である。

「辰日卯二点。神祇官中臣。忌部引㆓御巫等㆒。鎮㆓祭大嘗宮殿㆒。其幣如㆑初。訖《オハ》㆑バ即令㆘㆓両国民㆒壊却㆖。……」（『延喜践祚大嘗祭式』）

大嘗宮は辰日卯二点（午前六時）壊却される。辰日とは大嘗祭開始の卯日の翌日、その午前六時とは祭りの終った瞬間である。卯二点とは方位に当てれば真東である。つまりこの方位に向かって神は送り出されていることがわかる。

この卯二点の祭りが、大殿祭《おおとのほがい》であるが、この大殿祭は壊却直前の祭屋を祀るのであって、壊却する祭屋を何故祝禱《しゆくとう》しなければならないか、ということが問題となり大殿祭の意義はまだ不明とされている。

私見を以てすれば祭屋はこの世に神を迎える擬似母胎であり、それを造り、そこに神をこもらせることによって神を顕現させ、又それを壊却することによって帰る神に方向附けをするという二重の意義をもつ重要な祭具である。従って祭屋の造立と壊却は祭りの中で同等の重さをもつものであって、祭屋鎮祭の大殿祭がその造立、壊却の両度に亘って行なわれることはむしろ当然なのである。

しかしこの東方に向って神を送り出しているにちがいない大殿祭にも、又、東南《たつみ》が顔をのぞかせている。

それは『延喜式』四時祭式、「神今食《かむいまけ》」の記事に「神今食明日平旦。……忌部向レ巽微声、申二祝詞一畢。……」（傍点筆者）とみえていることである。大殿祭は六月・十二月神今食、十一月新嘗祭の翌平明（つまり卯刻と思われる）の祭りであるから大嘗祭の大殿祭にも同様に祭司者による東南に向っての祝禱が行われた筈である。

東を象徴する卯刻に行われる神送りの祭りに、東南が顔を出すことは、祖神の蛇の在処が、東から東南へ移動したことによる。純粋な原始信仰の時代から、それに陰陽五行の習合される時代になると、蛇の在処、東南が如何なる場合にも無視出来なくなり、東を祀る祭りの中に東南がその片鱗を見せるのである（なお大殿祭については拙著『祭りの原理』大殿祭と勾玉二一一～二一六頁を参照して頂きたい）。

大嘗祭の考察

大嘗祭は子月卯日《ねのつきうのひ》にはじまる。それは子と卯の結合、つまり子から卯への動きを示すものであろう。

子《ね》の坎宮の陰、こもりから

卯《う》の震宮の陽、ものの振い動く顕現、への過程を象徴する。

大嘗宮の祭りは子の方位の廻立殿を中心として、子の刻を同じく時間の中心とする祭りである。子の重視は北を太極とする陰陽五行思想の反映であって、大嘗宮の構造は、陰陽五行の理の造型化である。それは「無極にして太極なり」といわれる北の子《ね》を太極として陰陽の悠紀殿・主基殿が派生している象《かたち》である。悠紀・主基の両斎国は古い例では、あまり明確に東西の意識においてとられているわけではないのである。

それに対し、百子帳を中心とする「御禊」の儀には、北辺に関白と戸座をおく以外には、北の重視は全くみられない。御禊にみられるものは執拗なまでの東西軸である。

前述のように百子帳の儀は、沖縄の聞得大君の即位式とよく重なり合う。聞得大君即位式はそれほど古いものではないとしても、この儀式が古代巫女就任の儀の礼式化であって、その起源は極めて古いと思われる。

百子帳の儀は「御禊」という名になり、大嘗祭に先行する「みそぎはらい」を意味するものとされているが、その起源は巫女が神霊を妊るための最重要な儀であり、従って司祭者としての天皇のためにも単なる祓いの儀ではなかったはずである。そこで大嘗祭は次のように別けられる。

御禊の儀	―	東西軸	―	原始信仰に基く古伝祭
大嘗宮の祭	―	子卯軸	―	陰陽五行習合後の祭り

御禊と大嘗宮の祭りの間には明確な一線が劃される。この一線を劃しているものが陰陽五行なのである。

他の凡《あら》ゆる文化現象と同じく、日本に入った陰陽五行は決して純粋に陰陽五行ではない。原始日本にあったものの上に習合される。

そこで大嘗祭における百子帳の儀と大嘗宮の祭りとの差は、陰陽五行導入以前と以後との差であって、日本原始信仰の本質的の変改ではない。しかし違いは違いとして意識され、以前と以後の祭りはこの様な形で併存させられたのではなかろうか。

大嘗祭は一般に新嘗、刈入祭とされている。穀霊は祖霊と同一視され、共に輪廻の原理によっているものである。正常な輪廻によって子孫も栄え、穀類も豊穣を期待出来る。この原始信仰に濃厚にあった輪廻の思想を、一段と哲学的に深め、体系化したのが中国渡来の陰陽五行思想であった。

五行思想では、くり返しのべたように原始信仰の東西軸の中央の「中」あるいは西の女に当るものが、北の坎宮であった。

御禊は東西を軸とし、その中央の擬似母胎、百子帳における祭りであって、その時刻は西《とり》刻《こく》、西を象徴する時刻である。

大嘗宮の祭りは子の方の廻立殿を中心とする子の刻中心の祭りである。

「子の刻」と「西の刻」。それは共に女を象徴するものである。

又、子《ね》は東方、卯の方位に上る太陽の未だ姿をみせぬ時と処の象徴であり、こもりの時を意味する。

酉《とり》、つまり西は、東へ上る前提条件として太陽が沈み、一時こもる方位である。北は深遠な中国哲学によって示されるこもり、西は単純な原始信仰によって考えられたこもりの方位であって、その本質は略《ほぼ》等しいのである。

本質的には等しいが、表現において異なる二者が、併存させられている故に大嘗祭は複雑な祭りになっていると思われる。

この複雑さに更に輪をかけるものがある。

日本の祭りを蛇型と巫女型に分ければ、大嘗祭は巫女型であり、巫女型によって行われていた祭りがそのまま男性である天皇によって踏襲されたものと思われる。

巫女は祖先神、蛇と交って妊り、自ら人と化《な》った祖先神として人の世に臨む。天皇も同様に現人神として生れつぎながら、いつしか現人神の原理は忘れ去られ、現人神であることを忘れて、自らの外に祖先神を祀っている。しかしその祖先神が蛇であることはどこかで記憶され、それを拝む。それも十二支導入後はその蛇の在処、東南が重視され、神饌もその方位に向って供えられる。原始信仰における祖先神の在処は東であったにもかかわらず。

大嘗祭は最高司祭者の即位式であり、刈入祭りであり、又恐らく祖神祭りであろう。

この三つの祭りの複合に加えて、上記の諸要素が混在するために、最も難解な祭りとなったものと思われる。

第五章　陰陽五行と諸祭祀・行事

1　正月子日の行事

詞書

天平宝字二年正月三日丙子召二侍従竪子王臣等一、令レ侍二於内裏之東屋垣下一、即賜二玉箒一肆宴、于レ時内相藤原朝臣（内麻呂）、奉レ勅宣二諸王卿等一、随レ堪任レ意作レ歌幷賦レ詩、仍応二詔旨一、各陳二心緒一、作レ歌賦レ詩。

初春の初子《はつね》の今日の玉箒《たまははき》手《て》にとるからにゆらぐ玉の緒（大伴家持『万葉集』巻二十）

詞書及び歌の大意　「天平宝字二年（七五八）正月三日はその年の初の子の日に当った。そこで多くの廷臣を御所の東屋の垣下にあつめ、玉箒を賜って御宴が催された。藤原内麻呂が勅旨をうけて一同にこの感激を歌なり詩なりによんで奉るようにいった」

これに奉答したのが家持の歌であって、それは「今日の初子の日に恩賜の玉箒を手にすると新生のよろこびで身内に生命が躍るような気が致します」といったのである。

大伴家持のこの歌とその詞書きは正月初子の日の行事についての貴重な記録であるが、これでみると、初子の日に東屋の垣の下で賜宴があり、その引出物が玉箒であったことが判《わか》る。この玉箒を私は陽物と解釈するが、それについては拙著『祭りの原理』九九頁以下を参照して頂きたい。

ここで問題にするのは、

子の日における東屋、つまり卯の方の賜宴、しかも垣の下というから戸外、

という点である。

しかしその考察に入る前に『古事類苑』歳時部の説明をみよう。

「古《いにし》へ正月子《ね》の日に、高《たか》きに登りて遠く四方を望み、以て陰陽の静気を得るに原《もと》づくといふ、我国にては、その第一の子《ね》を初子《はつね》といひ、第二の子を弟子《おとね》といふ（中略）此日朝廷にて宴を賜ひ、野に行幸し給ふことあり、故に臣庶にありても、亦野外に遊び、小松を引き、若草をつむを以て例とす」

これによると子《ね》の日の行事も例によってその源は中国にあったわけである。子《ね》は北の坎《かん》宮であるから陰陽の調和の必要上、その北の低に対して高が求められ、本家の中国では高処に登ることが行事となったのであろう。

日本でも子の日の行事に高処に上ったらしい例は『続日本紀』聖武紀にみられる。

「天平十五年（七四三）正月壬子《みずのえね》（十一日）、御二石原宮楼一、賜二饗於百官及有位人等一、有レ勅鼓レ琴任二其弾歌一五位已上賜二摺衣一、六位已下禄、各有レ差」

この中の「石原宮楼に御《ぎょ》し」がそれである。しかし記録に残る多くは、中国同様、子の日に家から出るのではあるが、高処には登らず、至って平面的に、東の卯の方に出てゆくのである。

それは例によってこもっては出、出てはこもることを輪廻の基本とする原始信仰に、陰陽五行の哲理を習合させた結果なのであって、子《ね》のこもりは東の卯の顕現とならねばならず、その顕現を求めてまず平素の住居を出てゆく。出てゆくその方向は東、それが東屋の垣の下の宴、又東の野辺にゆく子の日の遊び、となったものと思われる。

春日野は今日はな焼きそ若草の妻もこもれり我もこもれり　（『古今集』春　読人不知）

の歌は恐らくこの子《ね》のこもりをうたったものであろう。春日野は東の野である。

天智天皇の子の方への近江遷都は六六七年（丁卯年）三月十九日（己卯日）であった。この遷都が天智天皇即位の前年、つまり御代の始めに当って、それを寿《ことほ》ぐ子と卯の結合の呪術であることは既に第三章で述べた通りである。

大伴家持の新年の祝禱歌はそれから約百年後、七五八年に奉られた。子の日の行事は、近江遷都における呪術の直系の子孫と思われる。

しかし次の百年を経過すると子の日の行事の本来の意義は忘れ去られ、他の要素にとって代られてしまう。その様子は次の記録によって略《ほぼ》察することが出来る。

「正月子日《ねのひ》に若草のおもの調じて奉りし事は嵯峨天皇の弘仁四年（八一三）を始とす……その若菜をつむには人々野辺に出て子日《ねのひ》するとて、小松をひけるよすがに、此菜をつめばなり、その故に寛平八年（八九六）、宇多天皇の雲林院に行幸し給ひし時の序文に、倚二松樹一以摩レ腰、習二風霜之難一犯也。和二菜羹一而啜レ口、期二気味之克調一也。といひ……（中略）扨《さて》此子日の遊びを或は朱雀院、円融院などの御時より有けるにやといへども、大伴家持の歌に、初春の初子の今日の玉はきとよめるによれば、いと旧より此遊びはありしなり、されどもその歌に小松引よしはみえねども、柿本人丸の子日歌に二葉より引こそうゑめとよめるにて子日に小松ひけることは承平（九三一）の頃より始まりしにはあらざるなり。しかるを後の世に至りて、子日の若菜といへばひたすらに七種の菜をそろへて奉るとのみおもへるは古をしらざる誤り也」

（『古今要覧稿』）

この中にもいわれているように、正月の初子《はつね》を祝うことが、子日《ねのひ》を動詞化して「子の日する」となり、しかもそれが殆ど「小松をひく」と同義語になっている。『拾遺集』にも、

子の日する野辺に小松のなかりせば千代のためしに何をひかまし　（忠岑）

とよまれている。

子《ね》の日《ひ》行事の本来の意味は忘れ去られ、松に附与されている固定化した長寿の概念によりかかって、この松を引くことによってその長寿にあやかるのだということになってしまっている。

子《ね》はこもりを意味し、同時に又、未生《みしよう》の萌芽、一陽来復を象徴する。その萌芽は東の卯《う》で顕現する。子日《ねのひ》の行事は家を外にして東の春日野にこもり、その若菜をつむこと、それによって年の始めを祝《ほ》ぐのがその本義であった。しかし平安期になると子日の行幸は専ら北野の雲林院《うりんいん》とか紫野である。方位の誤りは元の意味の忘却を示す。そしてその誤りはついに現在の正月の七草へとつづくのである。

2　能登気多大社の鵜祭り

鵜《う》祭りは旧十一月午日丑刻に行なわれる気多《けた》大社の神事である。気多大社は石川県羽咋《はくい》市寺家町鎮座、能登一宮と称され、国幣大社であった。

祭りに先立ってこの大社から丑寅（東北）に当る七尾市鵜浦《うのうら》町の断崖で一羽の鵜を生捕り

これを旧十一月午日の丑刻（午前一時～三時）に神前に放つ。本殿中陣の燈にさそわれて鵜が外陣から中陣に進み、案の上に止まると、禰宜《ねぎ》がこれを取りおさえる。その鵜は即刻、大社の南、一の宮海岸から、暁暗の海に向って放たれるが、伝承によるとこの神鵜は遠く真東に当る越後の能生《のう》の海にゆくとされている。

以上が鵜祭りの概略である。

社伝によると気多大社では十一月丑日《うしのひ》から未日《ひつじのひ》まで斎《ものいみ》の神事、その五日目の中巳日《なかのみのひ》が新嘗祭で、その翌午日《うまのひ》がこの鵜祭りであるという。そうするとこの鵜祭りは新嘗祭の後の「神送り神事」の意義が濃厚である。

しかし社伝の鵜祭りの説明は、

「元来此祭当社之神体大己貴命其御子ニ櫛八玉神、鵜ト現ジ給ヒ海底ニ入リ、魚ヲ取テ父ノ神へ備シヨリ此神事始ト申伝候」

といい、又、

「鵜ハ是飛ビ二大虚《オホソラ》ヲ一入ル二深海ニ一之霊鳥也。……是向二新陽一避二老陰一之神事……後略」

とも伝えていて、神送りのことにはふれていない。そうして鵜の霊鳥たる所以《ゆえん》は大空をとび、深海に入る点に帰せられている。

しかし鵜が霊鳥である理由を私は次のように考える。

①鵜は鳥であること。しかも水鳥という点。
②色は黒。
③鵜は「卯」に通じること。

①については、十二支において酉（鳥）は西。そこで古来、鳥は人間界、殊に女の代表として死にふかい関わりを持ち、天を駈けて死者を東の常世国に導く霊力をもつとされたと考えられる。

②については、黒色は「北」「子《ね》」を象徴する。子《ね》の月の新嘗祭に、同じく子《ね》を象徴する黒色の鵜が重ね合わされている。水鳥の「水」も同じく「北」の意味である。

③については、中国思想では易の「乾《けん》は健《けん》也」とか、十干の「庚申《こうしん》」を「更新《こうしん》」とするように、音の相通を意に通じさせることが普通である。それならば、鵜《う》を「卯《う》」に通わせることもあり得ないことではない。「卯《う》」は「東」を意味し、「青」「朝」「春」「青年」等を意味することはくり返し述べて来た通りである。現にこの鵜は、東の能生《のう》へゆくという伝承もあり、鵜に化《な》ったという櫛八玉神《くしやたまのかみ》は鵜浦山崎の阿於谷鎮座の阿於明神という。この阿於《あを》を「青」とすれば、この鵜を「卯」と解することは決して不自然ではない。

そこでこの鵜がその一身に負っている方位は西・北・東であって、それを図示すれば次頁のようになる。

五行説において西は金、北は水、東は木であるから、金生水《きんしょうすい》、水生木《すいしょうもく》の五行相生の理からいっても、鵜は新嘗祭において西の人間界に迎えられた神を、東の常世国に帰す力をもっている鳥といえよう。

更に「丑寅」は陰の子《ね》から陽の卯《う》への境《さか》いをなす時間であり、方位である。気多大社の新嘗祭は十一月中巳日であるが、その祭りの開始は丑日であり、鵜祭りの時刻は丑刻、そうしてこの鵜は大社の丑寅の方位から新たに生捕られるという。この鵜には神に大切な境《さか》いを越させるという呪術も附加されている。

鵜にはこのように数々の意義が呪術としてこめられている。それがこの鳥を霊鳥にしているのであって、単に海に潜り、大空をとぶ故に霊鳥となっているのではなかろう。子の月の祭りに、卯を象徴する鳥を主役とする祭りが続くことは、明らかに、子と卯の結合である。

しかし子・卯軸は祭りのエッセンスであって、この祭りも詳細にみれば、五行の五原素は祭りの中にすべて包含されていて、五行循環、正確な輪廻を意図する呪術がうかがえるのである。

鵜祭りは十一月中午日《なかのうま》である。午は南であって新生の出口、五行では火の位である。こ

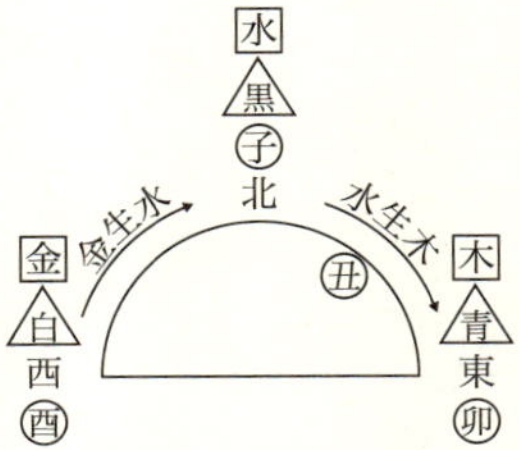

上図は鵜の負う三方位及び三方位の象徴するものである。この三方位によって象徴されるものが要するにこの祭りの鵜の本質であり、その本質がこの鵜を、霊鳥、神鵜たらしめるのである。

の南は鵜が放たれる南の浜の方位とも重なり合う。

この中午日の中と午を先の鵜の負う三方位に附加えると、東（木）・南（火）・中央（土）・西（金）・北（水）の五つの方位と五行の相が現出する。

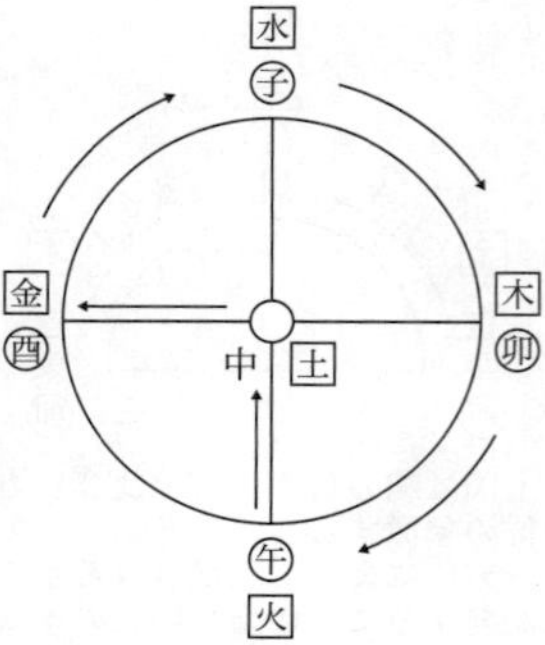

気多大社の鵜祭りは前述のように恐らく新嘗祭の後につづく神送り神事であろう。

神送りは人の死に擬かれていると私は推測する。人の死には鳥が密接な関わりがあり、棺に鳥のつくりものを附けることは日本各地の風習にみられるのである。

『古事記』の天若日子《あめのわかひこ》の葬儀の五鳥の意味は、未だ解明されてはいないが、これも五行を表わしているのではなかろうか。

川雁	黒	水	北
鷺	白	金	西
翠鳥《かわせみ》	青	木	東
雉	黄	土	中央
雀（朱雀）		火	南

五行循環によって人の死も、神送りも共に、死に放し、送り放しでなく、この世への又の来迎を期待出来るのである。

3　奈良東大寺のお水取

お水取の概略

「奈良東大寺の二月堂で三月一日（もとは旧暦二月一日）から十四日間行なわれる修二会《しゅにえ》の行事の一つ。二月堂開祖の実忠和尚《じっちゅうかしょう》が天平勝宝四年（七五二）に菩薩聖衆《ぼさつしょうじゅ》の十一面観音の悔過行法のさまを人間の世に移し行なったのが初めだといわれる。天狗寄《てんぐよ》せ、六時の勤行をはじめ多くの行法が二週間の間、施行されるが、お水取は十二日に行なう。……夕刻畿内の信者から奉納された籠松明《かごたいまつ》十二本を堂童子がかついで上り、堂の廻廊で大きく振廻す。……ついで後夜の勤行の半頃（十三日午前二時前後）呪師を先導に練行衆《れんぎょうしゅう》が牛王杖《ごおうづえ》をつき法螺《ほら》貝《がい》を鳴しながら堂から青石段（本堂南石段）下の閼伽井屋《あかいや》に降り立ち、香水を汲みとって本堂の仏前に供える。この往復には香水の加持が行なわれる。

　この香水は若狭の国より送られる聖水とされ、閼伽井の水をいただくと諸々の病厄を退散出来ると信じられている。閼伽井の水は、若狭国遠敷《おにゅう》明神鎮座地を流れる音無川が水源だと伝えられ、同じ時刻に若狭明神の神宮寺で送水神事が行なわれる。……後略」

（大塚民俗学会編『日本民俗事典』弘文堂刊、昭和四十七年二月十五日）

考察　右の解説の通り「奈良東大寺のお水取は、二月堂で旧二月一日から十四日間にわたる修二会の一つであって、二月十二日に行なわれる。籠松明十二本が堂の廻廊でふり廻され、ついで十三日午前二時前後（丑刻）に練行衆が青石段（本堂南石段）下の閼伽井屋で若狭の国（子《ね》の方）から送られるという聖水を汲み、本堂の仏前に供える。

この聖水は若狭国遠敷《おにゆう》明神鎮座地の音無川が水源であると伝えられるが、同じ時刻に、若狭明神では送水神事が行なわれる」という。

この記録につけ加えたいのは、若狭の水源地が「鵜の瀬」といわれていること、及びお水取の行事の過去帳の中に謎の女性、「青衣の女人」の記載がある点である。

それらをくるめて、このお水取の中に注目される条項を拾うと、

①二の数の多出　②鵜（卯）　③青　④子《ね》の方（若狭）　⑤水　⑥午《うま》の方（奈良）　⑦火

①、②、③について　修二会、二月、二月十二日、二月堂はいずれも卯月《うのつき》、卯の方位を象徴する。若狭井の水源地、鵜の瀬の鵜は、鵜祭りの考察でものべたように恐らく卯と相通であろう。奈良東大寺の二月堂における二月の「行《おこない》」は、すべて東の卯を象徴する行事である。その中に五行において東の色である「青」が青衣の女人の姿で登場することは当然と思

われる。

④、⑤について「子《ね》」と「卯《う》」の結合は原始信仰及び五行における輪廻を短絡し、且つ象徴する基本軸であって、これが十一月と二月の祭り月に撰用されていることはくり返し述べてきた通りである。卯の月の祭りには必ず北の子《ね》が何らかの形で組合されるはずである。奈良から若狭は真北に当《あた》る。水もまた北の坎宮に属するものである。五行に基《もとづ》く呪術の原理から必然的に卯の祭りにはその顕現への前提条件としてこもりの子《ね》が必要である。

それともう一方では子の水は、「水壮《さか》んな時には木を生ず」という水生木の相生の理によって卯の木への連結の役目を果す。

⑥、⑦について　卯の木は「木、壮んな時は火を生ず」という木生火の相生の理によって、卯を南、午《うま》の火につなぐ。

東大寺修二会のお水取の中には、子—卯—午に至る相生の理がみられる。恐らくこの祭りの秘儀の中には、このあとにつづくべき火生土、土生金、金生水、の相生の理が何らかの形で存在し、五行循環が実現されることになっていると思われる。

東大寺修二会の行法は、年の始に当って、神仏の来迎と加護を願い、五穀の実りを祈るものであろう。それは天・地・人象一切の無事な輪廻があってはじめて可能であるが、そのための呪術としてここに考えられているのが五行循環である。

その循環の軸として、火（午）と水（子）が際立って撰用されている。それが修二会の中のお水取ではなかろうか。

4　補陀洛渡海と五行――紀州熊野の意味するもの

補陀洛《ふだらく》や岸打つ波はみ熊野の那智の御山にひびく滝津瀬《たきつせ》

御詠歌にうたわれるように、那智は遠く南の海上にあるという観音の浄土への入口として捉えられていたようである。従って補陀洛渡海はかつて日本各地に行なわれたが、那智のそれが最も規模も大きく、有名である。

補陀洛渡海というのはその観音の浄土を目指し、船の屋形の戸を釘づけにして、僅かばかりの食糧と共に送り出されたいわば生きながらの水葬である。

「いま補陀洛山寺の裏には、渡海僧や渡海に従って船出した信者たちの墓が残っている。またこうした渡海が貞観十年（八六八）より享保七年（一七二二）までの間に前後十九回も行われたことが記録に残っている。

しかし観音浄土補陀洛への信仰は貞観以前から広まっていたもので、那智山が極楽浄土に擬せられ、その信仰を深めたのは平安後期と思われるが、渡海までするほどの徹底したものが永くつづいたことは類例がない」

（篠原四郎『熊野大社』一一五頁、学生社刊）

その渡海はいつどのようにして行われたのであろうか。

「補陀洛渡海の当日は、平素の本尊千手観音菩薩に対する勤行が渡海上人により、その日は特に念入りに行われたようである。勤行終了後、渡海上人は三所権現に最後の暇乞いを告げた。渡海の時刻は夕刻、時期は十一月。那智浦では盛んに海に向って西風が吹く頃である」

（尾畑喜一郎『補陀洛渡海』一五四頁、国学院雑誌　続熊野学術調査特集）

時期は十一月という。尾畑喜一郎氏の考証によれば十一月は西、西北風の吹く頃で、南の観音浄土に到達するにはむしろ不向きの候である。観音浄土を目指しながら、しかもそれに対してもっとも到達困難と思われる風の吹く頃が何故渡海の時期と定められていたのか。それについて従来、何も明らかにされなかったようである。

この渡海の時期が「十一月」に定められていたこと、それが「西・西北風のふく時期」であること、の二点から私は一つの推理を試みたい。

「渡海が十一月に定められていた」ということについては、那智信仰の根本は那智の滝にあるが、この滝及びその滝壺周辺が「子《ね》」と受取られていた、と思われる節《ふし》がある。

那智山中には四十八滝があるが、通常那智の滝といえばその第一の滝の謂《いい》である。

「子」としての那智滝

「那智滝は殆ど真南に向って落下している。権現鎮座地からみれば正北方にこの滝が位置し、権現と滝は北南一直線上に並んでいるが、その北極にはまた喜多（北辰）の滝も祭られている」　　　　（二河良英『那智滝考』国学院雑誌　続熊野学術調査特集）

那智の滝は明らかに権現鎮座地に対して、北の坎宮、一白水気、十二支でいえば、「子《ね》」として意識されている。そうして北方の滝とか水は容易に信仰の対象となるものである。滝の場合ことにこの傾向が著しい。というのは陰陽五行における「子《ね》」の体象に北の滝ほどなっているものはないからである。滝は水であり、滝壺という穴をもつ。北―水気―坎(穴)―胎　はたびたび述べたように「子《ね》」の象徴である。

那智の滝が坎宮の象徴「子《ね》」であること、この滝が那智信仰の中枢をなしていること、を考え合せれば、渡海における十一月は、何を措いても「子」の意味がこめられているものと解したい。渡海が子《ね》の月と定められていたということは、この滝を背にして、いいかえれば子《ね》を背負って出てゆくことを意味する。その出口は滝から真南の那智浦である。

子《ね》の月に子《ね》の方位から午《うま》の方に向かって出てゆけば観音の浄土、――それは午の方、南方にあるとされているが――、そこへ呪術的に到達が可能なのである。

又妊《みごも》りを象徴する子《ね》の月に南へ向かって出てゆくことは新生の呪術でもある。死は他界への新生であるから、補陀洛渡海にこの月を撰ぶことはこの意味からも必要であった。すべてが子午軸の上に懸っている呪術である以上、その時期に吹く風が観音浄土への方向ではないとしても一向に差支えなかったのである。

出雲と紀州熊野　原始信仰の東西軸において本州の中に求められるその最長線が西の出雲と東の鹿島を結ぶ線であることは序章において既述した。そこで西端の出雲は現世と他界との境《さかい》として意識された。この原始信仰における東西軸は東を陽とし、西を陰とする陰陽軸であって、出雲に神送り及び陰霊である伊邪那美命の死に関わる伝承が多くみられるのは当然なのである。

東中西軸という単純な原始信仰に陰陽五行が導入されると信仰軸は複雑化し、新たに南北を結ぶ子午軸、東南と西北を結ぶ巽乾軸が加わった。その様相は第一章で概観した通りである。

白鳳期に急速に抬頭《たいとう》したこの陰陽五行に基づく南北を結ぶ子午軸も易の先天易に従えば子《ね》は純陰、午《うま》は純乾で、本来陰陽軸である。子の方は母、午の方は父という言葉が今日もなお沖縄では生きている。しかし五行において南が火の位であることは、この子午軸の本質を失なわせたと私は考える。原始信仰で火は女陰にあるとされていた為に、北の胎に対する南は女陰となり、南北軸は結局、女に深い関わりをもつ軸となってしまったのである。

さて紀州の熊野は本州の最南端である。そこは大和、山城の帝京の地を北の子《ね》の方とすればその真南、午の方に当る。それは北を胎とし南を出口として考えるとき、新生が期待出来る最も貴重な方位であった。しかもそこは新生可能の霊地である上に、山岳重畳、三方を海でかこまれた風光明媚な土地でもある。こうした理由によって紀州の熊野は中央に勢力をもった人々にとって最も魅力のある処となったのではなかろうか。後白河院は三十四度、後鳥羽院は三十一度、幸され、蟻の熊野詣といわれたほど一般信者も陸続と押《おし》よせたのであった。そこは他界への出口として伊邪那美命の死にまつわる伝承を出雲と同様に多く持ち、一方常世国に渡る場処として少彦名神《すくなびこな》の伝承もみられるのである。

国土の規模においてみるとき、紀州の熊野は北の胎としての都に対して南の女陰を象徴する聖地である。熊野としての規模において熊野をみれば、そこには国土の規模におけるよりはるかに小さいが、又同様に南北軸が存在する。たとえば前述のように那智の滝は真南に向いて落下し、権現堂や海からみれば北に当る。従ってこの滝にこもることは北の一白水気を取り、胎へのこもりを意味し、そこから出ることは新生を意味する。

都から紀州の熊野へ下ってくることは北から南への新生の動きとなるが、更にこの南の霊地において北の滝にこもり、南の方向に出てくれば、これも又新生の呪術となる。呪術はいく重にもたたみ込まれるのであって、日本人は呪術においてもこの様な「入れこ式」、つまり同じことを形を大きくしたり、小さくしたりしてくり返すことが好きな民族であった。

熊野は死者、又は補陀洛渡海による往生を願うものにとっては他界への新生の出口となり、生者にとっては現世の中今に向かって生命を新しくする、いいかえればこの世においての生れ変りが期待出来る聖地だったのである。

「西風・西北風の吹く時期に渡海がなされたこと」については、補陀洛渡海は貞観時代にはじまったものではなく、その起源は更に古くさかのぼると推定されている。恐らく陰陽五行が導入される以前、原始信仰の時代から、海に向かって開けている明るい熊野は、常世にそのままつづく処として意識されていたと思われる。西風や西北風の吹く日には取分け常世に通うことが実感されたのではなかろうか。

観音の浄土が南であろうと西南であろうと、結局は日本人であった渡海僧たちにとってそれはどうでもよいことだったにちがいない。日本人にとって魂の目指す棲処《すみか》は東の常世なのである。

そうした思いが渡海上人達の潜在意識の中にもあったと思われる。

子《ね》の月に子《ね》の方位から、午《うま》の方に向ってゆけばそれで午《うま》の方の観音浄土につくという呪術を信ずる心が一つ、このような呪術は効目《ききめ》がなく、十一月の西風に乗って結局は東の方へ行ってしまうだろうがそれでもいいのだという考えが心の底にあることが一つ、これらの二つの思いが「ないまぜ」になって、西風の吹く日にも心を安んじて海上遠く帰らぬ旅に出て行った、それが渡海僧達のいつわらぬ本心だったのではなかろうか。

補陀洛渡海の表層は仏教に蔽われているが、中層には五行が、深層には原始信仰がよこたわっていると思われる。そうしてそれはひとり補陀洛渡海だけではなく、日本の民俗における葬礼の中にも同じ様相がうかがわれるのである。

第六章　沖縄の祭り・伝承の中に潜む陰陽五行思想

1　沖縄石垣島の豊年祭

石垣市内各御嶽の豊年祭

旧六月十五日は沖縄本島の豊年祭《ぶうり》である。昭和四十四年度は新暦の七月二十八日がその日に当ったのでこの日いっせいに豊年祭が行われた。

しかし宮古・八重山の先島地方では旧六月十五日を中心とする壬《みずのえ》・癸《みずのと》が豊年祭の祭日として撰ばれ、必ずしも六月十五日とは限らない。この年は七月二十六日が壬《みずのえ》の日だったので石垣市の豊年祭は七月二十五、六日の両日であった。その年、石垣は稲・キビ・パインがいずれも豊作だったので、各字《あざ》ごとに旗頭《はたがしら》を新調して町には活気がみちあふれていた。

旗頭というのは鉾《ほこ》の頭に趣向をこらしたもので、その頭の下に大きな幟《のぼり》をつけ、「風調雨順」「瑞雲鮮」「八束穂」「五風十雨」など豊穣や水への祈願をこめた言葉がかかれている。昔はこの旗頭をかつぎに人々は必ず故郷に帰ってきたものだという。

祭りの第一日は各御嶽《うたき》ごとの祭り、二日目は各御嶽合同の豊年祭である。

第一日　この日は各字《あざ》ごとに先述の旗頭を先頭に、触れ太鼓が字のなかを回り、行列が御嶽にくり込む。午後二時頃から各御嶽では穂華《ぶばな》・神酒《みしやく》・皮餅（蒲葵《くば》または月桃《さんにん》の葉で四角にくるんだ餅）が神前に供えられ、「司《つかさ》」（巫女）によって今年の豊年感謝と来年の豊作祈願が行われる。

拝殿で御嶽の神を拝した司たちは次にはその向きをかえ、神を背にして、自《みずか》らを神として氏子に臨む。西方、つまり人間界に向い、西面するわけである。そうして白の神衣をつけたこの現人神――六人の司たちは「給仕《きゆうじ》」とよばれる氏子総代の四人の男性の捧げる神酒を享《う》けるが、そのときそれを捧げる人間の側にも、これを受ける神の側にもそれぞれ歌唱があり、しまいに神と人の歌が合わされる。

神と人の歌唱

給仕
〽今日ヌ御祝ヌ大神酒上グナーラ
　今日ヌ御祝ヌ大カザリシウンヌクナーラ

神

〽真乙姥ヌ大神ヌ
長崎ヌ大神ヌミブギン
稔リノ世バタボール
ウィ拍子ヨーウィ拍子ヨー

給仕
〽ニーウヌイヌ大神酒《ウミシャグ》
囃シバド世《ユ》ヤ稔《ノオ》ル
豊年《ウヤキ》ヒ世《ユ》稔《ノオ》ル
貢世《カマイユ》稔《ノウ》ル
豊年《ウヤキ》ヌ神《フシ》 シサリンユー
御チチケーヌ世
大神ヌ主《ヌス》 シサリンユー

神
〽思いスイスイヌ ンマサ
カバサ イラヨー 香《カバ》サ ンマサヨーンナ
(同訳)

給仕
〽今日の御祝いの御神酒をさし上げましょう
　今日の御祝いの御報告を申しあげましょう
神
〽真乙姥《まいつば》の大神のお陰様で
長崎の大神のご加護で
豊作の世を給わった
給仕
〽新しい米で醸《かも》した酒を
差し上げますから
豊年をおゆるし下さい
豊かな稔りをもたらす
大神様に申し上げます
大神様に御祈り申し上げます
神
〽おいしいことよ
香しさよ

（以上の歌および同訳は喜舎場永珣《きしやばえいじゆん》先生御貸与の先生のノートより）

石垣市内の長崎御嶽《うたき》で私はこの神と人の歌唱をきいたが、白衣の司《つかさ》が氏子総代の男性の捧げる豊年感謝の神酒をうけて唱和するさまは古代がそのまま生きているかと思われた。単調だが古雅な調べである。それは期せずして男女の混声合唱にもなっている。

昔は今みるような拝殿もなく、ただ神聖な植物を蔽いとして囲《かこ》われた庭上でこの祭儀も行われたであろう。手拍子を打ち、あるいは酒器を左右に捧げ揺《ゆ》らかして男たちは敬虔《けいけん》に唱い、酒をうける現人神＝司たちは威厳にみちてそれに和している。

氏子総代の男たちは新穀で醸された酒を酒器に注ぎ、これを神に捧げるが、一方、神である司《つかさ》たちから人間代表である男たちに酒はけっしてすすめられない。

たとえ司《つかさ》という巫女、いわば生身《なまみ》の人間である巫女が神になっていようと神は神なのである。その神対人《かみたいひと》の関係は厳しく保たれ、この二者の間に狎《な》れ合いということは少しも見られない。

境内のヤラブの大木の蔭にしかれた蓆の上に座って持参の酒肴《しゆこう》を前にこの儀式にあずかっている村の人々は、司《つかさ》とよばれる巫女の前にいる自分らを、神のみ前に在るものとして信じ切っている。古い日本の祭りは夏の日盛りの中に今もなお息づいているのであった。

第二日　二日目の七月二十六日には石垣市の各御嶽合同の祭りが市の西端の新川《あらかわ》地区にある真乙姥《まいつば》御嶽で行われた。前日と同様、司たちから神に供饌・豊年感謝と来年の豊作祈願があってから、各字《あざ》から巻踊りが奉納される。

午後三時頃各字《あざ》自慢の旗頭を先頭にドラや太鼓を打ち鳴らして行列がくり込んでくるがその順は、

水の主《ぬす》（五十歳以上の果報のある女性）
旗二流（火の神の印∴がつく）
五穀入籠一対（子供が捧げる）
ヤーラーヨー（五十歳以上の古老）
クナー星（三十歳以上の男）
采《ざい》（赤・黄・白の采をもつ踊り、十六歳以上の女子）

つまり老幼男女が参加して唱和、あるいは境内を巻踊ることになる。

境内の巻踊りが終わると、東西にながくのびている外の道路で、「女綱」「世《ゆう》の受け渡し」「綱引」などの行事がひきつづき行われる。「世の受け渡し」とは、戸板状の輿《こし》に乗って、東方から来る神に扮装した人と、西側から同様に戸板の輿に乗ってかつがれてくる人間代表が道路の中央で出会い、神から人間代表に籠に盛られた五穀が授けられる行事のことである。「世《ゆう》」とは五穀の実りを意味する。

神は東方から来り迎えられるものであることは、この行事の中にもはっきりうかがわれる。

次の綱引きもまた西の方の組が勝つことになっているのは、東の神界にある世《ゆう》、つまり五穀の実りを、西方の人間界にひき入れるための呪術であろう。

東は神界、西は人間界であって、この東西二元は次に述べる翌七月二十七日、同じ石垣市の郊外の宮良《みやら》部落で行われたアカマタ・クロマタの祭りにおいても見られたのである。

宮良村のアカマタ・クロマタ

アカマタ・クロマタは沖縄の先島地方に出現する豊年祭の神である。私はそれを石垣市の宮良部落で、昭和四十四年七月二十七日にみた。

この神は男女二神で、部落の東の果の海岸洞窟からみあれされることになっている。

白砂を敷きつめた村外れの祭場は東西約百メートルもあろうか。

この祭場の南の方は海岸で、東シナ海の高波が台風の接近を示して大きく崩れかかる（次頁第一図参照）。

折々、強い雨がこの祭場を取り巻いて群れている村人たちを横なぐりする。そうすると祭場の西寄りにしつらえられた来賓用のテーブルの下に子供たちがすばやくもぐり込む。入りそこねた子供は西南隅に枝を広げているアコウの巨木の陰《かげ》に駆け出してゆく。しかしこの木の下も雨を避けている大人たちで、すでにいっぱいなのである。

こんなことをくり返しているうちに、午後七時近くなった。それでも南島の夏の日は中々暮れようともせず、好天ならばまだ日も射しているはずである。その後、一寸の間にドッと暗くなる。南国の夏の日とはそういったもののようである。

やがてまわりの人々が一斉にどよめいた。道の向うの遠い森蔭に二流の幟《のぼ》りがみえたのである。

同時にきこえてくる単調でもの悲しい笛・太鼓の調べ。その節《ふし》にのって一団の人影がこちらに向ってくる。いよいよアカマタ・クロマタの入来なのだ。

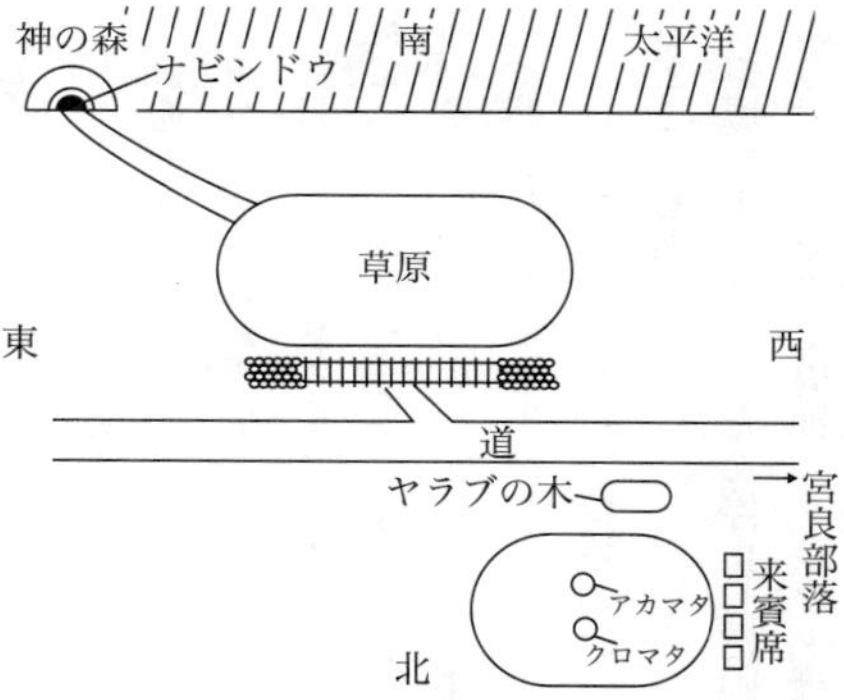

第一図　宮良部落アカマタ・クロマタ出現の祭場見取図

それまでこの祭場を襲《おそ》っていた雨もいつか収まって、神を迎える期待に満ちたこの広場を目指して、行列は刻々に近づいてくる。

鼓勢頭《つづみせど》とよばれる大鼓《おおど》・小鼓《こど》、それに笛の地《じ》方《かた》に謡《うた》い方、例《あわ》せて二、三十人の行列の先頭にたつのは、二流の幟りを交叉させて進む先達《せんだつ》の二人である。

その旗持のすぐ後《うしろ》につづくのがアカマタ・クロマタで、アカマタは向って右、クロマタは左、両神は相並んでゆるいテンポで踊りながら入場してくる。そうして中央でピタリと止った。

写真などうつしてはならない。これはニライから来迎《らいごう》された神、ニイルピトなのである。普通の人間の顔の四倍ほどの巨大な赤・黒の面《めん》をつけ、薄《すすき》の束を毛髪とし、真黒な蔓でつくられた蓑をきた異形《いぎよう》の神である。

面はアダンの材を彫ったもの、歯・眼は真珠貝の嵌《は》め込み。この面の口から扮装者は外を見ている。そこでアカマタ・クロマタの背丈はふつうの人より首の長さ位、高いことになる。そうして薄の束を頭上に立てているので、実際の身丈は人間の一倍半位にもなろうか。背に苔《こけ》むした草木を生やし、その動くときは小山が揺ぎ出てくるようだという伝説のヤマタノオロチが連想された。黄昏の乏しい光の中にみる異形の神の姿は、東北のナマハゲに通じるところもある。

祭場の中央にいったん停止した両神は、例の鄙《ひな》びた調べにのって悠《ゆる》いテンポの踊りをはじめる。アカマタは男神、クロマタは女神で、それぞれ短い棒を両手に持ち、踊りの節の区切りごとに、チャッ、チャッと打ち合わせる。

一回目の踊りがすむと、紅白の鉢巻をした村人たちが、待ちかねていたようにいちどきにこの神の囲《まわ》りに殺到し、歓声をあげ、雀躍《こおど》りする。それは本当にとび上って囃《はや》し、よろこぶのである。豊年の神を迎えて村中がよろこび躍《おど》るのであった。

アカマタオリオン　アカマタが来られた
クロマタオリオン　クロマタが来られた
キル世ムチ　豊年をもたらす神を
ヒロイ世ムチヨル　共々に迎えたからよろこんで踊ろう

村人たちは囃しおわるとサッと元の位置にひき退《さが》る。

広場のアカマタ・クロマタと旗持は再び例の旋律にのって踊り、そうして祭場での行事は終る。その時にまるで正確に計られたかのように夜闇が落ち、神も人も暗黒にのまれてしまう。神の出現にはこのような時間が計算されているのであった。

そのあとアカマタ・クロマタは村の各戸を訪れ、不幸のあった家には慰めの言葉を、旅立った人のある家ではその無事を、功労のあった人には祝詞を述べるというようにして夜を徹して巡回し、翌日午前三時頃、村人の惜別の涙の中にナビン洞からニライへ戻られるという。そのナビンドウは宮良部落の東外れにある洞穴で、その出現もここからなのである。

翌日七月二十八日、祭場を再訪し、アカマタ・クロマタ二神の立った位置でその向きを磁石によって計ったが、その結果、二神は真西を向いて立っていたことが判った。

つまり神は部落の東限の洞穴にみあれされ、西の方、人間界に向って歩を運び、祭場では真西を向いて村人に対したのであった。人間である村人は東に向って終始、神を迎えたのであって、祭りが終るや、神は間髪を入れず再び東帰したのである。

この祭りについて、前もって教えを乞《こ》うた時、今は故人になられた喜舎場永珣翁《きしゃばえいじゅん》は「村へ行ったらアカマタ・クロマタなどといってはいけない。ニイルピトといわねば……」と注意された。アカマタ・クロマタはニイルピト、ニライの人、常世からくる神なのである。

そうして村の青年が扮している現人神ではあるが、村人はそれを百も承知で、なお神と信じ、雀躍《こおど》りして迎えている。

二言目には資源の乏しさがいわれる本土ではあるが、沖縄はその比ではない。珊瑚礁《さんごしょう》の島は地下に何も埋蔵してはおらず、水もまた頼れるものは雨水だけである。海が荒れれば他との連絡も断たれる。不安定な生活から生まれるものは切実な神への祈りである。その祈りの対象となるものは、抽象的な「神霊」などというものではない。この目で見、触れることの出来る神、願いをきいてくれる神でなければならなかった。

かつては本土の神も、現人神だったはずである。しかし本土では神代に近いころにこの信仰の本質が変ってしまい、祭祀者《さいししゃ》は自《みずか》ら神として村人に臨む立場を捨てて、逆に抽象的な神霊を迎える立場に立つことになった。

同時に仏教が入り、仏像が造られ、それが現人神に代って人々の祈りをきき、目で見、手に触れることの出来る対象となった、と私は想像する。

アカマタ・クロマタの祭りは「草の祭り」とでもいいたいように、神も草で装《よそお》われ、祭具も、それからまた警護とよばれる祭りの補助役の人々のタスキや杖も、一つ一つ草や木で丹念につくられている。

こうして今もなお現人神の信仰に生き、草や木でいろいろの道具をつくり出して祭りを伝承してきている人々の心を思うと、南島のすべてがなつかしまれる。

以上がアカマタ・クロマタをふくめた沖縄石垣島の豊年祭りである。

この一連の豊年祭りを貫いているものは、

①神は生き身の人の扮する現人神。

②その神の去来は、東西の軸上。

ということである。そうしてこれが恐らく日本の古い祭りの原型であろう。

しかしこの事象の上に更に重ねられていることがある。それはいわば水の呪術である。五穀の実りにとってもっとも大切なものは「水」であるが、その水への祈りは、陰陽五行説の中における「水」を祭りの中にとり入れることによって果されているのである。

「水」はまず祭りの日によって撰びとられている。

先島地方の豊年祭りは旧六月十五日に近い水の日が、毎年の豊年祭りに撰ばれるが、昭和四十四年の場合は、七月二十六日がたまたま「壬《みずのえ》」(水《みず》の兄《え》)だったため、石垣市の豊年祭は七月二十五、六日に行われた。翌日の「癸《みずのと》」(水《みず》の弟《と》)、つまり七月二十七日には宮良《みやら》部落のアカマタ・クロマタの祭事が執り行なわれたわけである。

陰陽五行説における水が、呪術として祭りの中に取り込まれているのは、日取だけではない。

前述の真乙姥《まいつば》御嶽の巻踊りの先頭に立つのは、「水の主《みずぬす》」と「火」を象徴する旗二流である。それはつまり水と火が祭りの主導権をもつことを意味している。

「水」と「火」の象徴するものは五七頁の「五行説図表」でみられるように、
水＝陰（女）・北・黒・冬・（十二支の）子《ね》
火＝陽（男）・南・赤・夏・（十二支の）午《うま》
である。

昭和四十四年夏、豊年祭りの見学に先立って八重山古謡の研究をライフワークとされた喜舎場永珣翁を石垣市登野城《とのしろ》の自宅に訪れ、真乙姥《まいつば》御嶽にまつわる次の話をきいた。

「昔、雨が少しも降らなかったとき、人々が相談して霊感のある巫女を真乙姥御嶽にこもらせ祈願させた。そうすると『女だけで綱をつくって曳け、夫婦雨《めおとあめ》を降らせてやろう』と托宣があった。沖縄では、小雨はアメマ（マは小さいいみ）、中雨はアメ、大雨を夫婦雨という」

翁はそのあとすぐつづけて、

「女は水だ。だから女が綱をつくって曳《ひ》くのは当然だ。そういうものサ」

といってしきりにうなずいておられた。

何故、女が水なのか。もし性に関していうなら男もまた多分に水を象徴するものであって、女を一方的に水を象徴するものとするのは片手落というものであろう。漠然とした疑問をもちながら、そう決め込んでおられる翁を前に、当時の私は何の問《とい》を返すことも出来ずそのままひき退《さが》ったのである。

「女は水」という沖縄の古老の言葉を、現在の私は陰陽五行説の理論によって解き、この言葉については次のように思いをめぐらすのである。

「女は水だ」と断言される喜舎場翁の頭の中に果して陰陽五行説において北の子方《ねのかた》が陰（女）の水の位《くらい》、南の午方《うまのかた》が陽（男）の火の位であることが明確なイメージとして画かれていたのか、或いはそれらは喜舎場翁を含めて沖縄の人々に早く忘れ去られながら、「女は水」という考えが既定概念としてあったのか、知る由もない。

無意識のうちに翁が心中に女は水、ときめ込まれていたなら、陰陽五行思想はそれほど深くいつか人の心に根を下ろしていたことになる。

一方、もし翁が沖縄の石垣島の祭りについて何の予備知識もなく飛び込んできた人間に対して、説明するのは無駄と思われ、理論は省略して、ただ女は水、と断言されたのだとしたら、それもまた陰陽五行思想の沖縄への浸透のふかさを証明するものであろう。

陰陽五行思想が現在もなお生きていて、その理論が活用されているとしても、又はその反対に忘れ去られているとしても、そのいずれにせよ、「女は水」と古老によって断言されること自体が、沖縄と陰陽五行思想の関わり合いの深さを示している、と私は思う。

アカマタ・クロマタの祭事においても、前述のように神は部落東限のナビン洞という穴から出現し、人間界を目指して西へ西へと歩を運び、祭場に着くと真西を向いて静止したのである。それは全く古代信仰に基づく神界から人間界への東西軸上の行為である。

しかしこの祭りにおいて同時にその上に重ねられている陰陽五行思想もまた見逃せない。というのはまず祭りの日取りが、水を意味する十干の「癸《みずのと》」であること、更に「クロ」は北・陰・女、「アカ」は南・陽・男の理論をとってクロマタを女神、アカマタを男神としている点である。

陰陽の交合は水を招《よ》び、それによって稲の豊作もまた期待出来る。「性」は日本古代信仰の基本にすえられているものであるが、それを陰陽五行思想の導入によって理論化し、呪術の効果を更にたかめようとしている。その意図がこの祭りにも十分にうかがわれるのである。

2 沖縄宮古島砂川の津波よけ神事

行事の由来

沖縄宮古島の城辺《ぐすくべ》町字砂川《あざうるか》には、津波と竜宮にまつわる伝説があり、それに因《ちな》んで旧三月新酉《あらとり》の日に「ナーバイ」の神事が、砂川村の南の岡、上比屋山《ういぴやま》の、うまの按司御嶽《ウマニャーズうたき》で行なわれる。

この祭りは友利《ともり》・砂川の二村をあげての行事で、ことに女は各戸から必ず一人参加する。この行事の由来は次のように説かれている。

昔、砂川部落の上比屋《ういぴや》にいた佐阿根《さあに》は、七歳のとき津波で両親を失い孤児となった。ひとり岩屋の中にくらしていたが、彼は善行を積み、その功徳のせいか、十六歳になったとき、或る夜、夢の中に「宮古の北の浜に行け、そうして海から来る女と夫婦になれ」という託宣を得た。彼が浜を歩いていると輝くばかりに美しい女が東の沖から白い舟にのってやってきた。彼はこれは天女に違いないとひれ伏していると、女は自分はうまの按司《あんじ》というが、竜宮から命をうけて御身《おんみ》の妻となるために来た、といって、なおも辞退する佐阿根の手をとり、海岸の洞穴で夫婦の契をむすんだ。その翌日、東方の浜に山のような寄木《よりき》があり、これを上比屋にもってきて家作りをしたが、それから彼は富裕になって佐阿根大氏《さあにおおじ》といわれるまでになった。二人の間には七男七女が生れたが、その間、佐阿根がふしぎでならなかったのは、彼が汲んだ水を妻は芋《いも》にしてしまい、また三度の食膳がいつとはなしに用意されてご馳走が並ぶことであった。

そこである日、妻が留守の間に、かねて禁じられていた鍋のふたをとって中をのぞいてみたが、それからは鍋の水はご馳走にかわらなくなってしまった。うまの按司は佐阿根が禁を犯したことを見破り、鯵《あじ》にのって竜宮に去った。しかしその時、彼女はせめてもの贈物として、津波を避ける呪《まじな》いを授けていった。彼女はまず海さかい、山さかいの道を教え、旧三月新酉の日、その道にタイク（真竹の一種）を刺すようにいって、海中に消えたのである（以上岡本恵昭氏よりの聞書）。

これが今でも毎年旧三月新酉の日に行なわれるナーバイの起源とされている伝説である。

昭和四十八年は四月七日が旧三月新酉《あらとり》の日に当った。

祭りの前夜、上比屋山のウマニヤーズ御嶽で前夜祭があり、当日は午前七時、祭事に参加する司《つかさ》や主婦達は御嶽に参集し、司は神羽《かんばに》（白の神衣）に、被り物をつけ、主婦らも頭に、布をかぶる。八時頃、白衣の司達を先頭に、部落の主婦達は各自の家族数ほどのタイクを腕にかかえて、上比屋山のけわしい断崖を、はるか下方の砂川《うるか》の海岸を目指して山の背を一列になって神歌を唱えながらゆっくりと降りてゆく。その道が他ならぬ海境い、山境いをなす聖な道であるが、道の右側の要処要処、つまり決まりの地点にタイクを刺してゆく。列を乱してこの行列の右側に決して出てはならない。それは海側だからである。

白衣の神女達を先頭とする一列のこの長い行列の最後につき従いながら、この列の目指している浜の方向を計ってみると、それは正に東南（辰巳）に当っていた。東南はこの祭事に頻出する方位であるが、それについては後述する。

神歌を唱え、柴《しば》を刺しながらこの崖の細道をゆっくり降った一行は、やがて砂川の浜につき、元島の岐《わか》れ道でクイチャーという踊りをする。島とは村を意味するから元島は元村のことである。そこは昭和八年に津波で全滅した村跡であって、津波の一撃をうけた痕《あと》が廃墟として無残にのこり、石垣や門の名残りをとどめる石塊が塁々《るいるい》としている。

津波は砂川《うるか》・友利《ともり》の人々にとって恐ろしい現実であり、それ故にこの海と陸を分ける神事はふかい祈りをこめて年毎に真剣に行なわれるのである。

この間《かん》、上比屋山にのこった部落の男衆は舟漕《こ》ぎの真似をする。浜に下りてナーバイの神事を終えた女性達が再び山に戻ってきたのは午前十一時頃であるが、舟漕ぎは既に終了し、人々はそこで盃事《さかずきごと》に移っていた。

うまの按司の本質

以上が宮古の砂川部落に伝承されている神婚説話と、それに基づくナーバイ神事の概要である。この神事にはいろいろの要素が混在していることは明らかであるが、今日までその分析は何人《なんぴと》によっても行なわれていないようである。

この小論で試みようとしているのはナーバイ神事の主役・うまの按司の本質の解明であ

る。それが恐らくこの神事の意味、ひいては沖縄の祭りの真相究明につながると私は思う。うまの按司の本質は、古代中国天文学と密接に結びついている陰陽五行思想に負っていると考えるが、以下はその考察である。

(一) 辰巳の頻出

先にも述べたようにこの祭りの中には東南（辰巳《たつみ》）が頻出する。その様相は次の通りである。

1 祭り月——辰《たつ》の月（旧三月）
2 祭り時刻——辰巳刻《たつみのこく》（午前七時〜十一時）
3 祭列の方向——辰巳（東南の浜を目指す）
4 祭列の出口——辰巳（祭屋の東南口）

旧三月は辰の月である。祭りは大体辰刻《たつのこく》（午前七時〜九時）にはじまり巳刻《みのこく》（午前九時〜十一時）で終了した。そこでこの祭りは時間において濃厚に辰と巳を撰用していることがわかる。陰陽五行の哲理においては時と処、つまり時間と空間はつねに密接に関《かか》わり合うが、この場合にも時間で辰巳を使っていると同時に空間的にも辰巳は同様に撰び用いられている。その状況は既述したが、白衣の神女を先頭に、浜を目指して降りてゆく柴刺《しばさ》しの長い行列の方向は東南、辰巳なのである。

祭列の出口もまた辰巳東南であるが、これについては祭屋の構造についてふれておく必要があるかと思う。

(二)　祭屋の構造（第二図及び写真参照）

ウマニヤーズ御嶽の祭屋は南向きであるが、南、午《うま》の方は石の壁になっていて、東南（辰巳）と、西南（未申）の隅が出入口となっている。

正面の壁が部厚く石を積んだ壁になっている構造は、必然的にその左右の辰巳と未申、ことに東南の辰巳が意識されているように思われる。

祭りの列が、辰巳の隅から出て行ったことも、そこに呪術の秘儀がひそめられていることを物語る。

それではこの神事における辰巳の頻出は一体、何を意味しているのであろうか。

(三)　うまの按司の本質

竜宮の神・うまの按司　ナーバイ神事における辰巳の頻出は、神事の主役・うまの按司が竜宮から来た神、つまり竜宮の神であることを強調していると思われる。辰《たつ》は竜《たつ》で、その辰が祭りの方位にも時間にも撰用され、うまの按司が竜宮の神であることを呪術はくり返し表

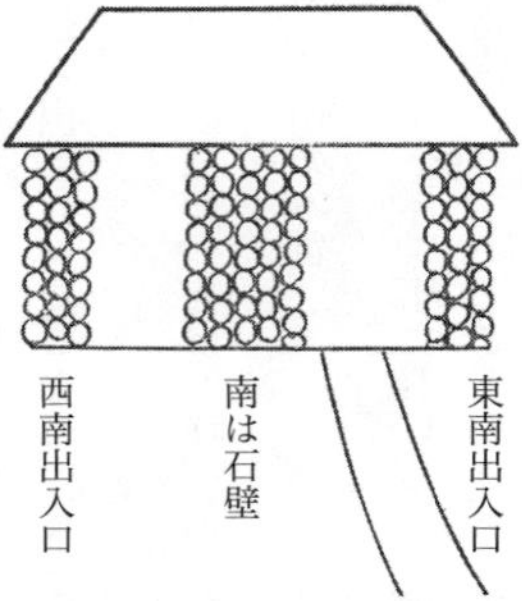

第二図　ウマニヤーズ御嶽祭屋

現している。

子《ね》の方《ば》母天太《うまてだ》・うまの按司

しかし「うまの按司」の本質は、竜宮の神というだけではないはずである。

　というのはこの祭りが元来、水の災厄を防ぐために考えられた水の祭りである以上、その主役の「うまの按司」は水の神でもあるはずである。

　事実、竜と水は密接な関係があり、「竜宮の神」は「水の神」ともされている。恐らく「うまの按司」の本質は、竜宮の神よりも、水の神の方により大きな重さがかかっているのであろう。

　ところで「水」の方位はくり返しのべたように北の子《ね》の方である。沖縄、ことに宮古には「子《ね》の方《ば》、母天太《うまてだ》、午《うま》の方《ば》、父天太《あさてだ》」の信仰がつよい。天太《てだ》とは通常、太陽をさすが、要するに強力な支配者、主《ぬし》の意であって、従ってこの場合、北の子の方の神とは強力な女性神、南の午の方の主とは強力な男性神を意味する。

うまの按司の「うま」は母天太《うまてだ》の「うま」、「按司《あんじ》」とはやはり支配者の意であるから、この神事の主役、うまの按司とは、要するに「子《ね》の方《ば》母天太《うまてだ》」のことではなかろうか。

　とすればナーバイの主役の神、うまの按司の本質は、その名に明らかに示されている通り、北方の最高貴神、子《ね》の方《ば》母天太《うまてだ》であり、要するに、子《ね》の方《かた》の神である。子《ね》の方位は水の位《くらい》であり、この子の方がうまの按司に密接にかかわると推定される以上、既にくり返しのべたのであるが陰陽五行思想における「子の方」をここでもう一度考えてみる必要があろう。

『時双紙』について　宮古島の砂川・友利の二村には古くから各御嶽に伝承される卜占《ぼくせん》書《しょ》、『時双紙《ときのそうし》』がある。

『時双紙』は稲村賢敷《いなむらけんぷ》氏の『琉球諸島における倭寇史跡の研究』において詳細に紹介されているが、以下はナーバイ神事についての私の推理に必要な箇処の同書からの引用である。

「時双紙は多くの人によって筆写され、いく系統にも岐れるが、そこに大体共通してみられることは双紙の上方、天漢図《てんかんず》には子《ね》の方《かた》七つ星（北斗七星）、午《うま》の方《かた》五つ星（南十字星）の星座が図示され、下方には水の神、子《ね》の方《ば》母天太《うまてだ》、午《うま》の方《ば》父天太《あさてだ》の神名が書き連ねられ、前後に各御嶽の守護神名がかかれている（同書一五六～一五七頁要約）」（第三図参照）

　なお同氏によれば『時双紙』は四百五十年以上も前に日本の倭寇によって伝来された暦本で、日本の陰陽道《おんみょうどう》の経典、『金烏玉兎集《きんうぎょくとしゅう》』に拠《よ》っている、と考証されている。

第三図　双紙守護神座の例　稲村賢敷『琉球諸島における倭寇史跡の研究』P.128の図より転写

陰陽道は中国の陰陽五行思想を母胎とし、日本において独自の展開をみせた思想である。

中国の陰陽五行思想は、古代中国の天文学とふかく結びついているが、その天文学によれば、北極五星とそれをかこむ四輔《しほ》を天帝一家の住む紫微宮《しびきゅう》とし、不動の「北極星」とその周囲を規則正しく運行する「北斗七星」とを併せて北辰とし、ここを天の中宮として信仰している。『史記』天官書第五には、「斗《と》を帝車となし、中央に運《めぐ》り、四郷を臨制す」と述べられている。つまり北斗七星は天帝の乗物であって、天帝はこれに御《ぎょ》して宇宙を支配する、というのである。

事実、北斗七星は北極星を中心に、一時間に一五度ずつ動き、一昼夜で一回転し、一年でその柄杓《ひしやく》の柄《え》、つまり剣先は十二方位を指す。その剣先が午後八時頃、寅の方を指す時が旧正月の寅の月、卯の方をさす時が旧二月卯月《うのつき》、辰の方をさす時が旧三月辰月《たつのつき》である。このように北斗は絶対に狂いのない天の大時計として、『天官書』には四季の推移と二十四節気の調整を司どり、五行の円滑な輪廻を促すものとしている。そうして北斗が人類になす最大の貢献は、農耕の規準を示し、民生の安本を保証することであって、天上天下にわたって一切の運行を整正するのは、ひとえにこの北斗である、とさえいっている。

以上を考え合せれば北斗七星の本質は天帝の乗物であり、援護者であり、四季の調整者、換言すれば農耕神、穀神、世《ゆう》の神である。

なお『淮南子《えなんじ》』天文訓に「北斗の神に雌雄あり、雄は左より行《めぐ》り、雌は右より行《めぐ》る。十一月始めて子《ね》に建《けん》し、月ごとに一辰《いっしん》を移《うつ》り、五月に午《うま》に合うて刑をはかり、十一月には子《ね》に合うて徳をはかる」（建すとは指すこと。著者註）とある。

要するに北斗七星は男女七組であって、北斗は男女に別れて行動し、一年に二度、子《ね》と午《うま》で相合するというのである。

この北斗七星の本質を、うまの按司のそれと重ね合せてみよう。

北斗七星・うまの按司（子《ね》の方母天太《ばうまてだ》）　さきに竜宮の神、うまの按司は水の神であり、水は子《ね》の方によって象徴されるから、うまの按司は「子《ね》の方母天太《ばうまてだ》」であろうと推測した。とすればうまの按司は当然、北天の神である。

そうして善行を積む孤児、佐阿根の援護者として天降りし、佐阿根にとっての食物の供給者、穀神となり、世《ゆう》の神となった。

島に生きる人々にとって天と海は水平線で一つとなり、共にアメ・アマの語で表現される。海の彼方から来る神は、同時に天の神でもあり、事実、東の沖から白舟にのってきたうまの按司を、佐阿根は天女と信じたのである。

北斗七星は乗物の神であるが、天における車は、当然、海においては舟となろう。

北斗の剣先は前述のように正月は寅《とら》、二月は卯、三月は辰の方をさすが、ナーバイの神事はこの辰の月に執《と》り行《おこ》なわれる。この神事はその外、時間においても辰巳刻をとり、北斗七星と密接な関係がある。

うまの按司は男女七人の子女を生《な》したというが、この男女七人ということも『淮南子』による中国の古伝、北斗の数に一致する。

更に北斗とうまの按司の関係を暗示するものに、ウマニヤーズ御嶽におけるうまの按司の祭祀方位がある。

先にウマニヤーズ御嶽の祭屋は辰巳方《たつみのかた》が出入口となっていることを述べたが、この祭屋で注意されることはうまの按司が東北隅、つまり丑寅《うしとら》の方位に祭られていることである（次頁第四図参照）。

『時双紙』には「寅の神」の神名も時に顔をみせるが、恐らくそれは一年の始めを、寅の方を指すことによって起す北斗七星の作用の神霊化であろう。

「寅神」とは多分、北斗の神であって、うまの按司が東北の寅の方に祀られていることは、うまの按司が北斗であることの例証の一つとなり得よう。

またナーバイにおいてはその祭事の間中、参加の男女は別行動をとる。男は女の柴刺しをのぞき見ることさえゆるされず、その間、御嶽の山に残って舟漕ぎの真似をすることは前述の通りである。

北斗七星もその雌雄の神はつねに別行動をとり、半歳に一度、子と午の月に、子と午の方位で相合することになっている。

津波よけの呪術を教えて、うまの按司が海の彼方に消えたというのも、やはりうまの按司が北斗の化身であることを示すものと思われる。

というのは、前述の『史記』天官書には、北斗の徳を説いて天上天下にわたって一切の運行を調整するもの、といっている。

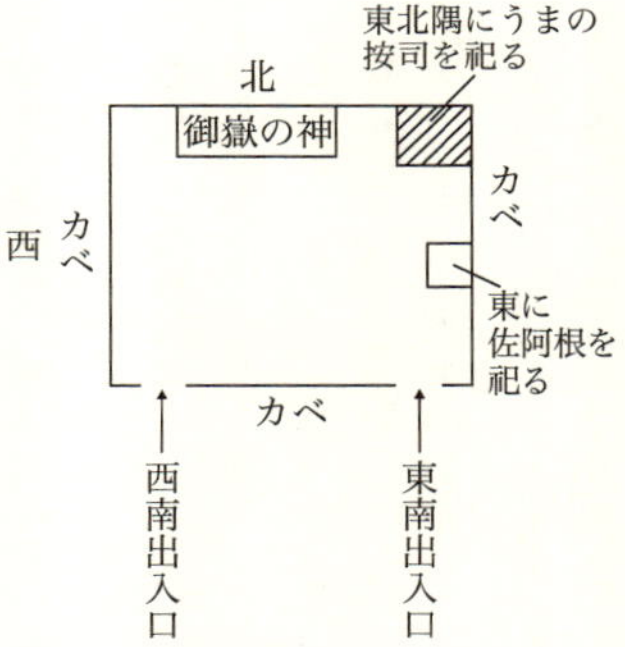

第四図　祭屋内見取図

津波とは海がその領界を破って陸地を侵すことを意味し、両者間の調整が欠かれている状態である。海を海、陸を陸と限ること、或いは海を天、陸を地、とすれば、この天と地を陰と陽の位に正しく定めることも北斗の務めの一つである。

そうして本来、天神であるうまの按司は、自身その本拠である天に帰ることによって、天と地を正しく限ったのである。

しかしナーバイについてのこのような解釈は、この神事の奥底に、北斗七星という星神がかくされているという推測の上に、はじめて可能なのである。

恐らくこの神事の底にひそむ星神の存在は、数百年にわたり祭りの当事者達にもかくされていた秘儀ではなかろうか。

そうしてナーバイ神事の意味づけはせいぜい次のようなものであろう。

竜（辰）の月に行なわれるナーバイとは、水を意味する竜の月に竜神を水に帰元し、水を水の位に収め、津波を防ぐための毎年の祭りである、と（後述するが中国哲学の三合の法則によれば、水の位の子《ね》から四つ目に当る辰《たつ》、辰から四つ目に当る申《さる》は、三つ合して水と化《か》し、又、子と辰のみでも水と化するのである）。

このようにさまざまの角度からこの祭りを分析したのであるが、重要なことはうまの按司と北斗七星の本質の重なり合いの様相である。そこで重複するが、「表」にしてそれをみることにする。

うまの按司の本質——援護者・穀神（世《ゆう》の神）・乗物・七男七女の母・辰月の神事・寅方の祭祀方位

北斗七星の本質——援護者・穀神（世の神）・乗物（車）・雌雄七神・辰月辰方に建《けん》す・寅月寅方に建す

両者間のこのような重なり合いは、うまの按司を北斗の神格化として私にとらえさせ、同時にナーバイという津波よけの神事を、中国哲理にもとづく一種の呪術と推測させるのである。

なお最後につけ加えておきたいことは、この神事が中国哲理にふかく拠《よ》っていながら、一方においては東を神界として神聖視する古習を潜めさせている点である。

うまの按司は東の沖から西の人間界を目指してくる神であり、その白舟の白は五行において西を暗示する。神と人が交わった翌朝、浜に流れついた深山の寄木も東からの福であった。ナーバイは辰月新酉日《あらとりのひ》に行われるが、酉は方位に直せば西である。

この伝説と祭りの中には、東西の軸が僅かながら顔をのぞかせ、東から神を迎え、西の人間界にその「世《ゆう》」を曳くことになっている。

なお「ナーバイ」の語義は不詳であるが、「名張り」（名を神に告げる）の意（岡本恵昭説）とも、「縄張り」（稲村賢敷説）ともいわれる。

3　池間島の伝承

池間島は宮古本島の北に接する離島で、小さいながら宮古六島を率いる形勢を示し、また現実に宮古島の人の魂は死後ここに集る、といわれ、同時にこの島の入口に当る丘の麓に迎られる大主御嶽《うぱるずうたき》の主神、「子《ね》の方母天太《ばうまてだ》」は宮古島の人々の寿命を司どる、といわれる。

何故、宮古の人々の魂がここに集り、またこの島の御嶽の主神が宮古の人々の寿命を司どるとされているのであろうか。

その推理に入る前に「大主御嶽」の由来を稲村賢敷氏の『宮古島庶民史』によってみると次のようにいわれている。

「昔、女神が池間に天降りして山野に木の実を求めて生活していた。風雨の夜、大木の洞に入って一夜を明したが、夜中に一羽の怪鳥が大樹の上に羽搏《はばた》き、夜が明けると樹下に大きな卵が十二あり、やがて卵がかえって宮古島十二方の地にとんでゆき、各御嶽の神になったという。大主御嶽の神はその母神にあたるので、子の方母天太と唱えて、祀っている」

この伝承における子の方母天太の本質は次の通りである。子《ね》の方母天太《ばうまてだ》は、宮古本島の北に位する池間島の大主御嶽《うばるずうたき》の主神であるからその名の通り、北の子《ね》の方の神である。そうして彼女は天降りした天神で十二方位を統べる神である。

この母天太《うまてだ》の本質は北斗七星のそれに一致する。つまり北斗七星は、北極星の周囲を規則正しく巡《めぐ》り、その剣先は一年に十二方位を指し、北天の神である。

ところで宮古島には既述のように本土の陰陽道に拠《よ》るという『時双紙《ときのそうし》』が古来、伝承されているが、陰陽道においてもっとも尊崇される神は、北斗七星である。それならば北斗に対する信仰は現実に宮古島のどこかに必ず顔をみせるはずである。その顔を見せるはずの北斗がこの子《ね》の方《ば》母天《うまて》太《だ》ではなかろうか。

しかしここにひとつ問題がある。

『時双紙』には必ず北斗七星と南十字星の図が描かれ、神名には子《ね》の方《ば》母天《うまて》太《だ》と午《うま》の方《ば》父天《あさて》太《だ》が並べられる。

子《ね》の方《ば》母天《うまて》太《だ》が北斗七星ならば、午《うま》の方《ば》父天《あさて》太《だ》は当然、南十字星に比定されよう。人間のことはすべてその環境に支配されるが、信仰もまたその例に洩れない。『時双紙』は本土の陰陽道に凭《よ》りながら、沖縄においては独特の展開をみせたに相違ない。

というのは本土では南十字星は見ることは出来ないから信仰の対象にはなり得ず、卜占書に入り込む余地はない。しかし南島においては美しく輝く南十字星は、福をもたらす神として信仰するにふさわしい星であった。

穀物神、北斗七星は福の神、世の神でもある。しかしここにおいて北斗七星、つまり子《ね》の方《ば》母天《うまて》太《だ》の徳の一部分は、南十字星の午《うま》の方《ば》父天《あさて》太《だ》に分掌され、南の父天《あさて》太《だ》が福徳を象徴することになったのではなかろうか。

その結果、子《ね》の方《ば》母天《うまて》太《だ》は、時間を掌《つかさ》どる神としてその徳を保ち、宮古島の人々の寿命を預ることになった。一方、くり返し述べたように北の「子《ね》」の象意は一陽来復であるから、子の方母天太は輪廻の端を開く神、死者に輪廻と永生を保証する神となり、子の方母天太の鎮座する池間島は、宮古の人の魂の集る処として信仰されるようになったのではなかろうか。

4　井戸と竜宮

宮古本島の「犬井」

沖縄宮古島では井戸が神聖視され、井戸の底はとおくはるかに竜宮に連なる、とされている。また井戸はそればかりでなく、天とも交わるとされている。

数ある井戸の中でも、宮古本島の漲水《はりみずう》御嶽《たき》の程近くにある「犬井《いんがー》」は、宮古人の祖先発生の聖所とされ、今も信仰の対象となっている。

昭和四十八年の春、この「犬井《いんがー》」の敷地内に、新しく農協の建物がたつことになり、この井戸の存続さえも一時は危ぶまれ、また存続したとしても建物がこの井戸の上を蔽えば、天と接続しなくなるというので、多くの人々の間で、大問題になっていた。

何故、井戸の底が竜宮に連なり、井戸が同時に天に接続すると考えられるのだろうか。恐らくそれは中国哲理に拠るものと思われる。以下はその推理である。

南島に生きる呪術

井戸は坎（穴）で水のたまるところであって、それは正に北の一白坎宮《いっぱくかんきゅう》の象徴するものである。井戸は十二支でいえば「子《ね》」に当る。十干でいえば「壬《みずのえ》・癸《みずのと》」である。

中国哲理には「三合《さんごう》」の法則があり、それには子（水）、卯（木）、午（火）、酉（金）の三合の四種がある。

子・卯・午・酉の四支は、各自その四つ目に当る「支」と結んで「局《きょく》」をつくる。例を「子」にとれば第五図のように結んで、「子《ね》の三合水局《さんごうすいきょく》」を形成し、子《ね》・辰《たつ》・申《さる》の三支はすべて「水」に化《か》す。この場合、子と辰、子と申の二つずつでも半局《はんきょく》といって、水と化《な》る。

そこで「子」を井戸、「辰」を竜宮とすれば、井戸と竜宮は相通ずることになる。

古来、竜神が水神とされているのは、この哲理によっているものであろうか。

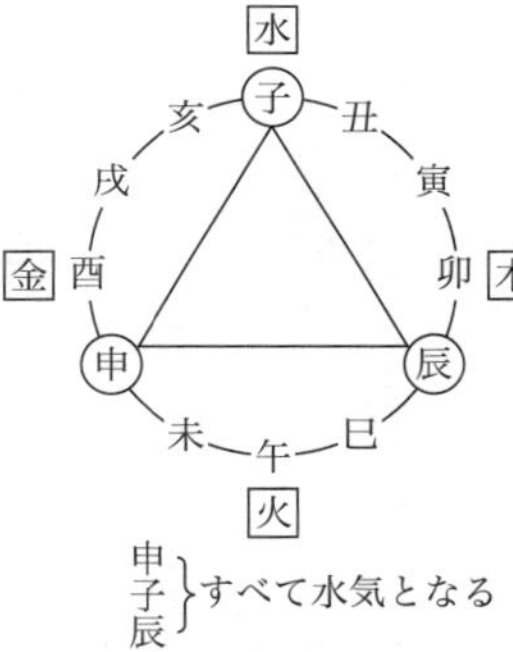

第五図　子の三合水局

更に北の子《ね》は水の位《くらい》であるが、先天易においてはこの北が「坤《こん》」で地の位である。それに対し、南の午は火の位で、同じく先天易ではここが「乾《けん》」で天の位である（後天易では乾は西北、坤は西南となる）。

さて、中国哲学では、天と地はもと同根で、混《こん》沌《とん》から岐れ出たものであるから、天と地は密接なかかわり合いをもち、地の気はたえず上昇をはかり、天の気はそれに対し下降をはかるべきものであるとする。地の陰の気と、天の陽の気が交合して万物が生成すると考えられている。井戸を、子《ね》の「坤」とすれば、井戸の気は上昇してそれは不断に天と交り合わねばならない、と考えるのはむしろ当然であろう。その後、きいた話では、「宮古の信仰に生きる人々は、この井戸からパイプを出し、それを建物の外に導くことによって、この問題を解決した」という。

南島に生きつづける古代の呪術に感動をよびさまされるのは、一人私だけではないと思う。

『日本古代呪術――陰陽五行と日本原始信仰』要旨

一　私見日本原始信仰

天象における太陽の運行、地象における植物の枯死再生、人象における人間の生死、等から類推して古代日本人は神の去来もまたそれらになぞらえて考えたと推測される。

太陽は東から出て西に入る。そうして「太陽の洞窟」をくぐって翌日は再び東から上る。

植物は秋、結実して枯死するが、その実は冬、穴倉に収蔵され、春、土中に播種《はしゅ》されれば再び発芽する。新生の前には暗黒、狭窄《きょうさく》の穴とか土中のこもりがある。

人間も東方の種を象徴する男と、西の人間界、畑を象徴する女との交合により、暗黒、狭窄の胎《はら》の中に定着した萌芽は、その穴の中に未生《みしょう》の時を過さねばならない。

太陽にも植物にも人間にも、新生という現象の直前にあるものは、穴であり、この中にある期間、こもることなしに新生は不可能なのである。

太陽の洞窟からの類推によって、古代日本人は、神にとっても、人にとっても、常世という他界からこの世へ、この世から常世への輪廻《りんね》に欠かせないものは狭く暗い穴と考えた。この穴にこもっては出、出てはこもる、その循環・輪廻が神の去来の本質であり、祭りの原理であろう。――輪廻及びその輪廻の中枢にある穴――、それが日本原始信仰の中核と私は考える。

二　陰陽五行説の概略

陰陽五行説とは宇宙間の森羅万象を陰と陽の関係においてとらえようとする二元論である。万物は陰陽の交合によって生死盛衰をくり返すが、その作用《はたらき》の具象化が五行《ごぎょう》である。五行の「五」は宇宙間の五原素、「木火土金水」であり、「行」はその作用の意味である。木火土金水は互いに相生《そうじょう》・相剋《そうこく》して万物をして盛衰の輪廻をくり返させるが、人間も又この法から逸脱は出来ず、この原理にくみこまれている、というのが陰陽五行思想である。

日本原始信仰・民俗風習にもっとも深い関係をもつ十干《じっかん》・十二支もこの五行から派生している、つまり十干は木の兄《え》・木の弟《と》の甲《きのえ》・乙《きのと》にはじまり、水の兄・水の弟の壬《みずのえ》・癸《みずのと》で終り、十二支は木星の運行に基づいているものである。

三　日本原始信仰と五行説の習合

日本原始信仰と大陸渡来の陰陽五行思想とは同一の思想ではない。この二者はその発想においても本質においても本来、異質のものであった。

しかし古代日本人は、この異質の外来思想に出会ったとき、次第に自己の信仰の中にこの五行思想を習合させ、それによって反って自分達にとっても漠然としていたその信仰の輪郭附けを行なうに至ったのではなかろうか。もう一つ言葉をかえていえば、自分らよりはるかに智恵の発達していた隣人の思想を借りて、自分らの信仰・思想の体系化と理論附けをはかったとみられるのである。

本来、異質の他人の思想を借りて、自己のそれの体系化をはかるということは不可能に近いことであるが、それをあえて可能にしたのは、その両者の間にある共通性と、そういうことをむしろ得意とする日本人の性格であろう。五行思想と日本原始信仰における共通性とは宇宙間の万象の二元的把握と輪廻の思想、及び穴（坎）の認識と考えられる。

原本増補版へのあとがき

第六章は、此度の増補新版に当り大和岩雄社長のご要請により附加した小論である。ここにあげた祭りはいずれもこの目で見、また伝承はこの耳できいたものであるが、それらの中にふくまれる意義解釈のためにとった方法は、主として陰陽五行思想の導入である。しかし複雑深遠な陰陽五行思想に関する知識不足のために、なお推測の域を出ない点も多く、或いは今後の訂正を俟つべき箇処も当然あるはずである。しかもなお私はこのような冒険をあえて犯さずにはいられない。この章ばかりでなく一九七四年上梓の第一章から第五章もそのような冒険の連続である。が、読者の方々のご批判を頂きたいと思う。なおこの章の脱稿直前、一九七五年七月上梓の『隠された神々』(講談社現代新書、のち河出文庫)を併せてお読み頂ければこの上なく幸いである。

一九七五年十月十日

吉野裕子

解　説――悔しくてたまらない理由

小長谷有紀

私が吉野裕子先生と初めて会ったのは、二〇〇〇年春のこと。当時、私は「みんぱく」ことと国立民族学博物館で『月刊みんぱく』の編集長を務めていた。現代日本の課題の一つとして「長寿社会」に焦点をあてたシリーズの一環として、高年になってから学問を始めたことでつとに知られていた吉野裕子先生にお話をうかがった（二〇〇〇年五月号）。

それから五年後、こんどは生き物文化誌学会の発行する『ビオストーリー』第四号でロング・インタビューを敢行した（二〇〇五年）。人と自然あるいは超自然との関係について、吉野裕子流の分析法を開陳していただくためである。

彼女の思考法に接近する手段として、人生をまるごと頂戴するという方式、すなわちライフヒストリーの聞き取りに約二十時間を費やした。何しろ米寿を迎えていらしたのだから、それまでの道のりは長く、またお元気で闊達だったから話がはずみ、そして何よりもチャレンジに満ちた人生だから、インタビューはなかなか終わらなかった。日を改めて伺うことを三回繰り返し、計四回のテープ起こし原稿は二十五万字に及んだ。インタビューとして活字になったのは、そのうちのごく一部である。

わずかひとときの、しかし、たしかに濃密だった、そんなご縁に因《ちな》んで、ここに解説を引き受けた次第である。日本古代思想の専門家ではないことをあらかじめお断りしておく。むしろ、専門家ではないからこそ、お鉢が回ってきたのかもしれない。彼女の著述に認められる大胆な断定表現は、普通の論文ではあまり見受けられない。逆に、普通の論文で羅列されるような文献リストは、彼女の著述には見受けられない。論の進め方や証拠の示し方などをめぐって、いわゆる学会誌のルールとはいささか異なっている。そのせいもあって、専門家のあいだでは評価が分かれ、かえって解説しにくいにちがいない。諸学会とは離れた自由な立場での解説を試みよう。以下、尊敬を込めて敬称を略す。

本書は、『日本古代呪術』（一九七五年、大和書房、増補版）を文庫化したものである。呪術とは一般に、超自然的な力を借りる行為をいう。吉野裕子の場合、呪術の背後にあるイデオロギーを、もっぱら「性」と「陰陽五行」とに収斂《しゅうれん》させて読み解こうとする。そこが彼女の魅力であり、独創性にほかならない。日本古来の「原始信仰」と、中国伝来の「陰陽五行」の二本柱が歴史的に融合することによって、スーパーナチュラルなパワーを取り込む処《しょ》方箋《ほうせん》としての呪術が古代日本において確立した、とみるのである。

一年の年中行事や、一生の通過儀礼には、なぜ使うのかわからないにもかかわらず、使うべく定められた道具があったり、しばしば理由のわからないまま、とりあえず決まりに従って時や場所を選んだりする。このように、祭りや祀りには一種のコンプライアンス（法令遵守）が求められるものである。今や謎となってしまったコンプライアンスを、性的メタファーと陰陽五行思想から解読するという労作である。

そもそも吉野裕子は、日本舞踊で用いられる扇子の意味を問うことから民俗学の世界に分け入り、性のメタファーを解読するという新領域を開拓した。メタファーなのだから、あくまでも「見たて」にすぎず、「もどき」にとどまるのだが、男根や女陰という単語が頻出する。あからさまには語りにくい課題を扱っているため、理解してもらおうと言葉を重ねれば重ねるほど顰蹙《ひんしゅく》を買いかねない。『吉野裕子全集　第二巻』（二〇〇七年、人文書院）の「刊行に寄せて」では、「日本民俗学における性の認識欠如に対する反抗であり、戦いであった」と自身で位置づけている。

さらに、「性」の視点に加えて、「古代中国哲学、即ち、易・五行、或いは陰陽五行思想」へのまなざしも、柳田民俗学ひいては日本民俗学に欠けていた点の一つである、と吉野裕子は証言する。彼女は幼少時より、父（静岡県知事、警視総監などを務めた、赤池濃《あかいけあつし》氏）から漢籍の素養をさずけられた。「男子であったなら」と父を嘆息させたそうである。まるで紫式部を思い起こさせるエピソードだ。そんな彼女だから、中国伝来の原理の解読に通じてゆくことができたのだろう。

日本風の陰陽道については今でこそ、安倍晴明に関する映画や漫画等を通じて一般にもよく知られるようになっており、また専門書も数多く刊行されている。しかし、まだまだ理解が浸透していなかった一九七〇年代に、吉野裕子は「伊勢神宮祭祀」や「践祚《せんそ》大嘗祭《だいじょうさい》」など天皇の即位と密接に関わる祭祀が中国伝来の象徴体系によって制御されていることを読み解くことに成功し、博士号の学位を取得した。

史誌類に記された遷都などの事件や祭祀にとどまらず、さらに民間に広まっている風俗習慣のなかにも、同じく陰陽五行が浸透していると確信する吉野裕子は、次々と事例をとりあげていった。原理は畢竟《ひっきょう》同一であるから、何度も同じ説明を繰り返さざるを得ない。陰陽の二大区分を説明し、木火土金水の五つの要素を説明し、相互の連なり（「相生《そうじょう》」）や勝敗関係（「相剋《そうこく》」）などを説明する。前掲の全集版「刊行に寄せて」において「説明の重複は避けられなかった」とし、読者の寛恕《かんじょ》を乞うているとおりである。

この日本列島で、人びとは森羅万象をどのように体系的にとらえてきたのだろうか。外来の原理がもたらされる以前、人びとはあくまでも生命現象になぞらえて理解したと措定し、それゆえに自然の営みも、自然を超えた力の借用も、すべからく「神霊受胎」として了解したにちがいない、と彼女は確定した。したがって、彼女の扱う性的メタファーは、決してセックス（性行為）ではなく、生命誕生のメタファーにほかならない。

推古朝で受容された、当時のハイカラな思想ないし擬似科学としての原理は、天武・持統朝の頃になるとまつりごとに大いに利用されたようだ。天智天皇の近江遷都（六六七年）をめぐる時空間の選定や、天武天皇の崩御（六八六年）の法要日程の選定から、吉野裕子は陰陽五行の証拠を抽出した。

このように、ひとたび理解の枠組みを安定させると、あとは類似の現象を付き合わせ、大胆に推理すればよいだけである。

例えば、本書では「践祚大嘗祭」が沖縄の祭りの記録『聞得大君加那志様御新下日記』と引き比べて考察されている。大嘗祭とは「天皇が即位の後、はじめてその年の新穀を以て天照大神及び天神地祇を奉斎する一世一度の大祭である」。吉野裕子は、帳の向きに注目して東西方向を強調し、神界から人間界への軸を見出す。また、帳の屋根が蒲葵（ビロウ）であることから、蛇に象徴される神との結合という神霊受胎の形式を認める。

一方、「琉球最高の女神官が斎場御嶽で行う即位式の記録」によれば、クバ（ビロウを意味する琉球語）の葉で作られた仮屋に床が二つ用意され、巫女は神と一夜を過ごすことによって、祀る側（祭祀官）から祀られる側（神）に生まれ変わる。こうして、大嘗祭もまた、神霊との交わりによって人が神として生まれ変わるシステムであると読み込むのである。古代における現人神の生誕原理といえよう。さらに、祭祀の時刻や方向を検討することによって、陰陽五行が習合して以降は東西軸から子卯軸へという変化が認められる、という。

このような比較考察は類似する現象を対象としているため、かなり説得的である。ところが、陰陽五行は、一見ばらばらな事象を象徴群として構造化する体系であるため、表面的にかなり異なっていても原理が同じという場合もある。例えば、迎春の行事として、中国では犬をはりつけにし、日本では餅を食べたり羽子板で遊ぶのは、いずれも春の訪れを阻害する金気をやっつける処方箋であり、理論的には同じである、というように。こうなると、陰陽五行説以外の論理では説明が難しい。他の証明方法が不可能であれば、こじつけに見えやすい。そもそも陰陽五行の事例は陰陽五行の理論で証明するほかないという一種のトートロジー（同義反復）に陥る。それゆえに、吉野裕子流の解釈を承諾しない人はいつまでも承諾しない。だから、彼女は悔しくてしかたなかった。

「もうね、死んでから認められるかなと。何とかバランスを取って生きているのよ。突き詰めて考えりゃ、ほんと悔しいわよ。こんなわかりきったことなのに。なんでみんなわかってくれないのかと、ほんとにどうにかなっちゃいそうよ」

わたしたちの思考方法を遠い昔から制御してきた、「性」と「陰陽五行」との習合体系。これをめぐって説法を繰り返した不屈の精神は、本書に遺憾なく発揮されている。


（人間文化研究機構理事）

本書の原本は、一九七四年五月、大和書房より刊行されました。なお、今回の文庫化にあたっては、一九七五年十二月刊行の増補版を底本とし、適宜、一九九四年二月刊の新装版を参照しています。

吉野裕子（よしの　ひろこ）

1916～2008。旧姓赤池。女子学習院，津田塾大学卒業。民俗学者。東京教育大学より文学博士の学位を授与される。『扇』『祭りの原理』『隠された神々』『陰陽五行思想からみた日本の祭』『陰陽五行と日本の民俗』『大嘗祭』『山の神』『十二支』をはじめとする多数の著作のほかに，「吉野裕子全集」（全12巻）がある。

講談社学術文庫

定価はカバーに表示してあります。

日本《にほん》古代《こだい》呪術《じゅじゅつ》

陰陽《いんよう》五行《ごぎょう》と日本《にほん》原始《げんし》信仰《しんこう》

吉野《よしの》裕子《ひろこ》

2016年4月11日　第1刷発行
2016年8月30日　第2刷発行

発行者　鈴木　哲
発行所　株式会社講談社
東京都文京区音羽 2-12-21 〒112-8001
電話　編集（03）5395-3512
販売（03）5395-4415
業務（03）5395-3615
装　幀　蟹江征治
印　刷　豊国印刷株式会社
製　本　株式会社国宝社
本文データ制作　講談社デジタル製作

ISBN978-4-06-292359-0

「講談社学術文庫」の刊行に当たって

これは、学術をポケットに入れることをモットーとして生まれた文庫である。学術は少年の心を養い、成年の心を満たす。その学術がポケットにはいる形で、万人のものになることは、生涯教育をうたう現代の理想である。

　こうした考え方は、学術を巨大な城のように見る世間の常識に反するかもしれない。また、一部の人たちからは、学術の権威をおとすものと非難されるかもしれない。しかし、それはいずれも学術の新しい在り方を解しないものといわざるをえない。

　学術は、まず魔術への挑戦から始まった。やがて、いわゆる常識をつぎつぎに改めていった。学術の権威は、幾百年、幾千年にわたる、苦しい戦いの成果である。こうしてきずきあげられた城が、一見して近づきがたいものにうつるのは、そのためである。しかし、学術の権威を、その形の上だけで判断してはならない。その生成のあとをかえりみれば、その根は常に人々の生活の中にあった。学術が大きな力たりうるのはそのためであって、生活をはなれた学術は、どこにもない。

　開かれた社会といわれる現代にとって、これはまったく自明である。生活と学術との間に、もし距離があるとすれば、何をおいてもこれを埋めねばならない。もしこの距離が形の上の迷信からきているとすれば、その迷信をうち破らねばならぬ。

　学術文庫は、内外の迷信を打破し、学術のために新しい天地をひらく意図をもって生まれた。文庫という小さい形と、学術という壮大な城とが、完全に両立するためには、なおいくらかの時を必要とするであろう。しかし、学術をポケットにした社会が、人間の生活にとってより豊かな社会であることは、たしかである。そうした社会の実現のために、文庫の世界に新しいジャンルを加えることができれば幸いである。

一九七六年六月

野間省一